행복한 교실 수업을 위한

놀이와 연극

행복한 교실 수업을 위한 놀이와 연극

처음 찍은 날 2020년 12월 7일
처음 펴낸 날 2020년 12월 14일

지은이 최주인

펴낸곳 이론과실천
펴낸이 최금옥
등록 제10-1291호
주소 (07207) 서울시 영등포구 양평로21가길 19 선유도우림라이온스밸리 B동 512호
전화 02-714-9800
팩시밀리 02-702-6655

ISBN 978-89-313-6075-2 (03370)

• 이 도서의 국립중앙도서관 출판예정도서목록(CIP)은 서지정보유통지원시스템 홈페이지(http://seoji.nl.go.kr)와 국가자료종합목록 구축시스템(http://kolis-net.nl.go.kr)에서 이용하실 수 있습니다. (CIP제어번호 : CIP2020049713)

• 값 16,000원
• 잘못된 책은 바꾸어 드립니다.

행복한 교실 수업을 위한 놀이와 연극

최주인 지음

이론과실천

• 작가의 말 •

"선생님, 다시 온라인 수업했으면 좋겠어요."

6월부터 등교를 시작한 아이들은 쉽사리 수업에 적응하지 못했다. 1월 방학 이후로 거의 반년이라는 시간을 집에서 지냈던 아이들이다. 물론 3월부터 온라인 수업을 했지만 그저 출석을 인정받는 수단에 지나지 않았다.

"영상만 틀어놓으면 게임 하고 놀 수 있잖아요."

왜 온라인 수업이 좋냐는 질문에 아이들은 마치 짜기라도 한 듯 같은 말을 했다.

"학원에서 이미 배웠어요."

"친구한테 카톡으로 답 보내 달라고 했어요."

실시간으로 보냈던 과제는 어떻게 해결했냐는 질문에 아이들은 이렇게 대답했다. 어느 정도 예상했지만 실제로 마주하고 보니 허무하고 허망했다. 하지만 뭐라고 할 수도 없었다.

"아무것도 모르겠어요."

"이거 언제 했어요?"

학원을 다니지 않는 학생의 대부분은 온라인 수업에서 다룬 내용을 이해하지 못했다. 아니 알지 못했다. 보지 않았으니 당연했고 봤어도 흘려보냈으니 하나도 이상할 게 없었다. 어떻게 해야 하나 막막했다. 학기의 절반이 지난 상황에서 처음부터 다시 할 수도, 그렇다고 절반에 가까운 아이들을 모른 척 할 수도 없었다.

"오늘 배울 내용은 1단원의……."

"선생님, 왜 또 해요?"

온라인 수업에서 다룬 내용을 좀 할라치면 학원을 다니는 아이들의 날카로운 말이 쏟아졌다. 이미 알고 있는 내용인데 다시 하라고 하니 당연했다. 거기다 마스크를 씌우고 눈만 껌뻑이게 하는 상황에서 쏟아내듯 내뱉는 교사의 말을 듣고만 있으려니 화가 날 만했다. 그걸 모르는 바 아니었기에 못 들은 척 내가 하고 싶은 말을 더 빠르게 쏟아냈다. 알고 있지 못한 아이들을 위한다는 마음이었다.

"우리 지역에도 코로나 확진자가 나왔으면 좋겠어요."

그런 수업이 계속되던 어느 날, 한 아이가 말했다. 이유를 물었다.

"어차피 들어도 모르겠어요. 그럴 거면 온라인 수업 때처럼 놀기라도 했으면 좋겠어요."

아이의 말에 머리에서 '띵' 하는 소리가 들렸다. 그 아이는 학원을 다니지 않았고 온라인 수업의 내용을 하나도 이해하지 못했던 아이였다. 그런 아이를 위한다는 생각으로 앞만 보고 달렸는데……. 아이의 말은 나를 멈춰 서게 했고 고민하게 했다. 어떻게 해야 알고 있는 아이와 알지 못하는 아이, 모두를 배움으로 안내할 수 있을지 생각해 내라고 했다. 그렇게 생각했고 고민했다. 그래서 찾은 답이 놀이와 연극이었다.

변명처럼 말하자면, 정상적인 상황이었다면 처음부터 놀이와 연극을 했을 거였다. 하지만 이미 많은 시간이 지나버렸고 접촉을 해서는 안 되는 상황이었다. 또 남들처럼 해야 한다는 두려움도 있었다.

"학부모님께서 괜찮다고 하시면 모둠 활동을 하고 싶습니다. 최대한 접촉을 줄이고 마스크 착용에 더 신경 쓰도록 하겠습니다."

답을 찾은 후 맨 처음 했던 행동은 학교와 학부모의 동의를 구하는 거였다. 그렇게 시도할 수 있었던 이유는 근무 학교가 청정 지역에 있었기 때문이다. 소란스러운 나라 안팎의 상황은 먼 나라 이야기였다. 확진자는커녕 동선이 겹치는 사람도 없었으니 너그러운 시선에서 보면 그럴 수 있었다. 아이들은 교실 밖으로 나서는 순간부터 서로 접촉하고 함께 노는 게 하나도 이상하지 않았다. 그런 아이들에게 학교와 교실에서만 '눈만 껌뻑이고 내 말 들어.'라는 수업을 할 수 없다고 생각했다. 마스크 착용하고 최대한 접촉을 줄이면 되겠다는 계산도 섰다. 그러니 동의를 요청했고 동의를 구할 수 있었다.

그렇게 놀이와 연극으로 수업을 시작했다. 하루 이틀 시간이 지나면서 학교 오는 걸 싫어하던 아이들은 조금씩 줄어갔다. 대신 오늘은 무엇을 하고, 어떤 활동을 할지 궁금해 하는 아이들이 조금씩 늘어났다. 꼭 해야 할 것만 하고 아는 것으로 직접 해결할 수 있게 하니 반복을 지루해 하지 않게 되었다. 몸으로 표현하고 함께 배우게 하니 아이들은 수업 시간을 즐거워했다.

"방학하지 않고 그냥 학교에서 친구들이랑 같이 놀고 수업했으면 좋겠어요."

1학기가 끝나고 방학하는 날, 남학생 하나가 아쉬운 목소리로 말했다. 불과 두 달 전 우리 지역에도 코로나 확진자가 나왔으면 좋겠다고 말한 아이였다. 그 아이는 두 달이라는 시간 동안 더 많이 성장했고 더 많이 행복해 했다. 덜 배웠지만 더 많이 성장했고 덜 듣게 됐지만 더 많이 말할 수 있게 된 덕분이었다.

"선생님, 졸업하기 싫어요."

2학기가 지나가고 졸업이 가까워지자 아이들이 말했다. 자신들은 저주받은 학년이라며 빨리 올해가 지나갔으면 좋겠다는 말을 달고 살았던 아이들은 이제 올해가 천천히 지났으면 좋겠다고 말한다. 놀이와 연극으로 만든 교실의 작은 기적이었다. 아이들은 소소한 놀이로 큰 행복을 느끼고 아무것도 아닌 표현활동으로 큰 감동을 경험하고 있다.

교실 놀이와 교실 연극은 모든 활동을 놀이와 연극으로 하지 않는다. 하나의 놀이, 한 번의 연극 활동으로도 충분하다. 완벽하게 준비된 활동이 아니어도 좋다. 어설프고 부족한 활동이라도 아이들의 행복한 웃음, 해맑은 미소를 보기에는 조금도 부족하지 않다. 교실 놀이와 교실 연극을 무작정 시작해 보길 추천한다. 일단 시작하면 그 매력에 빠져 헤어나기 힘들 거라고 자신 있게 말할 수 있다.

• 차례 •

1장

교실 수업에 놀이와 연극이 필요한 이유

Q1. 놀이와 연극이 교실에 필요한 이유는?

놀이와 연극은 협력학습을 활발히 일어나게 한다. 협력학습은 활동의 주도권을 학생에게 주고, 스스로 생각하고 함께 해결하게 한다. 협력학습을 통해 학생들은 살아가는 힘을 기르게 된다. 21세기 교육에서 협력학습을 빼놓을 수 없는 이유이다. 놀이와 연극의 필요성은 협력학습과 같은 맥락으로 생각해 볼 수 있다. 놀이와 연극이 교실에 필요한 이유는 스스로 생각하고, 함께 해결할 수 있는 기회와 경험을 제공하기 때문이다.

Q2. 놀이와 연극은 왜 협력학습을 활발히 일어나게 하는가?

첫째, 재미있다. 언뜻 연극은 재미없고 어렵다고 생각하기 쉽다. 전문적인 연극만을 생각한다면 연극은 어렵고 재미없을 수 있다. 하지만 교실에서 하는 연극은 그렇지 않다.

교실 연극은 연극의 방법과 기법을 가져와 교육의 효과를 높여준다. 다양한 상황에서 여러 인물이 되어 삶의 경험을 한다. 정답은 없으며 오롯이 내 생각과 감정을 표현하면 된다. 그렇기에 활동은 즉흥적이고 자유롭다. 아이들은 즉흥적이고 자유로운 활동을 좋아한다. 거기에 내 생각이 존중받고 인정받는 활동이라면 더 말할 필요가 없다.

둘째, 함께 해야 할 수 있다. 놀이와 연극은 기본 활동 단위가 모둠이다. 따라서 의사소통은 반드시 거쳐야 하는 과정이다. 생각을 모아 계획을 세워야 하고, 실행을 위해 역할을 나눠야 한다. 내 생각은 덜어내야 하고 타인의 생각은 더해줘야 한다. 함께하지 않으면 모을 수 없고, 모을 수 없으면 원하는 결과를 얻지 못한다. 결과뿐 아니라 과정 또한 그렇다.

물론 과정에서 갈등은 언제나 발생한다. 하지만 그 또한 활동의 한 부분이 된다. 갈등을 최소화하면서 과정은 원활하게 한다. 만약 갈등을 최소화하지 못하면 대부분은 실패하기 때문이다. 사람은 누구나 실패보다 성공의 경험을 원한다. 아이들은 더욱 그렇다. 특히 좋아하고 재미있어 하는 활동이라면 더 말할 필요가 없다.

셋째, 생각하고 해결하도록 한다. 언뜻 놀이와 연극은 사고 과정이 필요하지 않다고 오해하기 쉽지만 실제는 그렇지 않다. 오히려 놀이와 연극은 사고 과정 없이는 아무것도 할 수 없다.

과정과 방법을 온전히 이해해야 하고 계획으로 발전시켜야 한다. 계획은 과정 중에 융통성 있게 수정해야 한다. 활동이 무사히 끝났다 하더라도 거기서 끝나지 않는다. 과정과 결과를 모니터해야 한다. 기회가 한 번으로 끝나지 않는 경우가 많기 때문이다. 놀이와 연극 활동에서 아이들은 시키지 않아도 문제를 해결하기 위해 고민한다.

배움은 고민에서부터 시작한다. 놀이와 연극은 고민과 배움을 연결해주는 재미있는 끈이 된다. 이 재미있는 끈은 아이들의 자기 주도적 학습 능력을 길러주는 신기한 실마리가 되는 것이다.

넷째, 내가 아니면 안 된다. 그동안 아이들은 경쟁하며 서열화되었다. 경쟁하며 불안했고 실패하며 무기력해졌다. 무기력한 아이들이 언제나,

어디에나 있는 이유이다. 불안과 실패를 회피하기 위해 무기력을 선택한다. 무기력을 선택했으니 실패는 당연한 거라고 스스로를 설득한다.

놀이와 연극은 무기력을 선택할 수 없게 한다. 함께 해야 하는 활동이기 때문이다. 함께 하니 회피와 무기력은 선택할 수 없다. 그러는 과정 중에 가치 없다고 생각되던 노력은 공동체에 공헌하고 성공으로 이끌어간다. 설령 실패하더라도 개인이 아닌 공동의 책임이 된다.

놀이와 연극은 함께 하기에 쉽게 불안하거나 무기력해지지 않는다. 나의 역할은 누구도 대신할 수 없다. 내가 아니면 안 된다. 내가 아니면 안 되기 때문에 책임감을 갖게 한다. 책임감은 성공을 경험하게 하고, 누적된 경험은 내적 동기를 선물한다.

다섯째, 전인적 성장을 돕는다. 놀이와 연극은 신체적인 성장뿐 아니라 인지 발달에도 중요한 역할을 한다. 인간의 뇌는 생명의 뇌, 감정과 본능의 뇌, 이성의 뇌의 3층 뇌로 이루어진다. 태어났을 때 이미 만들어진 생명의 뇌를 제외한 감정과 본능의 뇌, 이성의 뇌는 성장의 과정을 거쳐 완성된다. 신체를 활용한 구체적 조작 활동은 뇌의 성장에 큰 영향을 미친다. 어떻게 활동할지 계획하고, 실행하며 문제를 해결한다. 이러한 과정을 반복하며 계획력과 실행력, 문제해결력이 길러진다. 이렇게 길러진 힘은 전두엽을 발달시킨다. 전두엽의 발달은 이성의 뇌를 성장시킨다. 전두엽의 회로는 신체 활동을 반복할수록 촘촘해지고 치밀해진다. 이성의 뇌는 그와 비례해 성장하게 된다.

Q3. 놀이와 연극을 어떻게 하는가?

첫째, 일단 하면 된다. 대한민국의 교사는 뭐든 잘해야 시작한다. 익숙하지 않으면 시도하지 않는다. 단도직입적으로 말해 놀이와 연극은 교사가 잘할 필요가 없다. 놀이와 연극에서 교사는 그저 '활동의 장'을 만들어주기만 하면 된다. 그 안에서 어떻게, 얼마나 뛰어놀지는 학생에게 오롯이 맡기면 된다. 물론 활동 경험과 지식이 많으면 좋겠지만 꼭 그렇지 않아도 된다.

둘째, 배우면서 하면 된다. 교실에서 사용하는 놀이와 연극은 간단하다. 누구나 할 수 있는 방법이다. 어쩌면 활동과 이름을 매치하지 못할 뿐 이미 사용하고 있고, 알고 있을지 모른다. 모른다 해도 막상 해보면 '이렇게 간단해?'라는 생각이 든다. 몇 시간만 투자하면 누구든 할 수 있다. 물론 할 수 있다는 것과 활동이 자연스러운 건 별개의 문제다. 하지만 하다 보면 금세 자연스러워진다. 그러다 적용의 범위도 넓어지고 변형해 활용하기도 한다. 일단 시작하고 배우면서 하면 된다.

셋째, 눈에 보이는 성과를 기대하지 않는다. 놀이와 연극을 하다 보면 수없는 고민이 생긴다. 과정은 어수선해 보인다. 투입 시간에 비해 산출물도 마음에 들지 않는다. 언뜻 노는 것 같고 깊이도 없어 보인다. 제대로 하고 있는지 의심스럽고 계속하는 게 맞는지 고민스러워진다.

결론부터 말하면 잘하고 있으니 계속하는 게 맞다. 앞에서 이야기한 것처럼 놀이와 연극은 학생에게 주도권이 있는 활동이다. 이전의 방법들과 비교해 비효율적인 건 너무나 당연하다. 지금껏 교사가 이끌어주던 과정을 학생들이 계획해서 끌고 가야 한다. 결코 쉽지 않다. 시간이 걸리고 과정이 어수선해지는 건 당연한 모습이다. 첫술에 배부를 수는 없다. 그러니 지금 당장 눈에 보이는 성과를 기대하지 않으면 된다.

넷째, 무엇을 꺼내든 인정해 준다. 놀이와 연극은 학생이 꺼내는 활동이다. 교사가 해야 할 가장 중요한 일은 아이들이 무엇을 꺼내든 인정해 주는 일이다. 믿음을 받는 아이들은 아무거나 막 꺼내지 않는다. 설령, 아무거나 꺼내어 놓더라도 괜찮다. 혼자 하는 활동이 아니기 때문이다. 꺼내어 놓는 생각은 검증을 받아야 한다. 아이들은 외면받을 것 같은 생각이나 감정을 쉽게 꺼내지 않는다. 그러니 무엇을 꺼내든 그대로 인정해 주면 된다. 쉽게 꺼내지 않았고, 쉽게 선택되지 않았던 생각과 감정이기 때문이다.

2장

놀이와 함께 하는 수업

학습 내용을 정리하는 놀이 수업

짝 빙고

수업 방법

1. 1에서 20까지 중에서 16개의 숫자를 임의로 선택해 빙고 판에 적고 나머지 번호는 빈 공간에 적는다.
2. 단원 평가지를 출력해 나눠 준다.
3. 짝이 한 팀이 되어 빙고 놀이 활동을 한다.
4. 빙고 판에 적힌 숫자가 불리면 평가지에서 해당 번호의 문제를 찾아 푼다.
5. 숫자를 부르면서 제한 시간도 함께 말한다.
6. 제한 시간은 1분에서 3분 사이로 한다.
7. 빈 공간에 적힌 번호가 불렸을 때, 그 번호의 문제를 풀면 빙고 판의 틀린 문제를 대체할 수 있다.
8. 문제를 풀 때는 짝끼리 한 번씩 돌아가며 문제를 푼다.
9. 문제를 풀 때, 짝은 설명으로 도움을 줄 수 있게 한다.
10. 두 단원 25칸 빙고 놀이로 모둠 활동을 한다.
11. 예비 문제로 적지 않은 문제를 풀지 않는 아이들을 위해 놀이 후 해결되지 않은 문제는 숙제로 준다는 안내를 놀이 전에 한다.

1	10	15	16
8	3	14	20
17	11	5	18
7	12	13	6

예비 문제

2
4
9
19

2-1	1-7	2-15	2-3	1-13
1-8	2-18	1-17	1-5	2-12
2-5	1-9	2-2	1-3	1-11
1-18	1-10	1-19	2-4	1-14
2-9	1-1	2-17	1-20	2-20

예비 문제

1-12
1-15
2-6
2-7
2-8

환상의 커플

놀이 방법

1. 두 가지 색깔 포스트잇을 각각 3장씩 나눠 준다.
2. 색깔을 구분해 질문과 답 3쌍을 포스트잇에 적는다.
3. 질문과 답 포스트잇을 수거해 교실 이곳저곳에 붙인다.
4. 신호에 맞춰 질문 하나와 그 질문의 답 하나를 교차해 뜯는다.
5. 질문과 답 포스트잇을 3장을 교차해 뜯은 후 자리로 돌아간다.

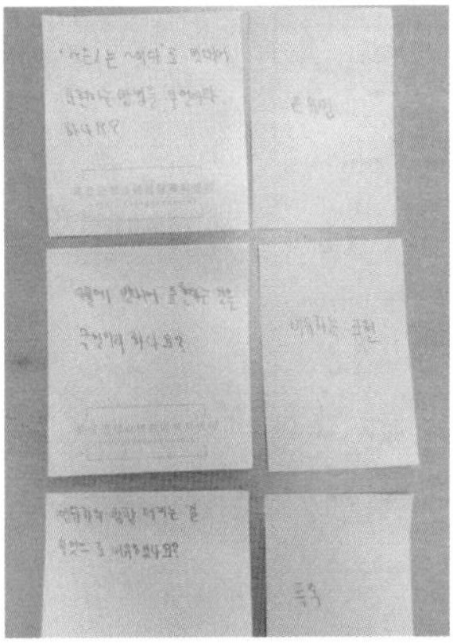

노란색 포스트잇에는 질문을, 보라색 포스트잇에는 답을 적는다.

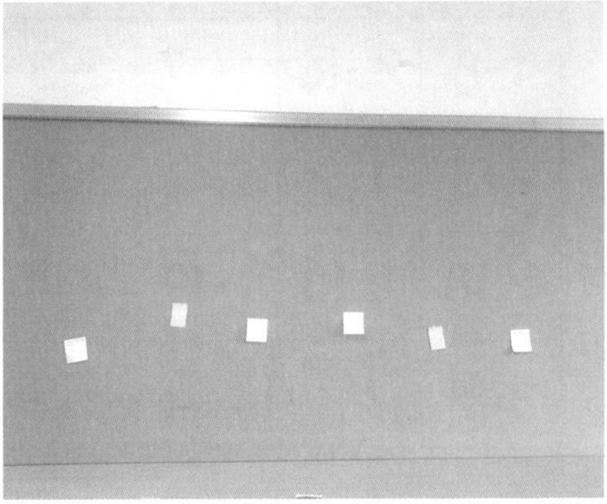

질문과 답 포스트잇을 붙이는 공간을 따로 한다.

수업 적용 방법

1. 포스트잇에 학습 내용에 관한 질문과 답을 적는다.
2. 짝 찾기 활동 전, 'Eye shopping' 시간을 준다.
3. 질문 내용을 눈으로 확인하며 머릿속으로 답을 생각한다.
4. 눈으로 확인하는 시간이 지나면 질문과 답 포스트잇을 뜯는다.
5. 내가 작성한 포스트잇은 뜯을 수 없다.

'eye shopping' 시간을 제공해 문제의 내용을 눈으로 확인한다.

질문과 답이 적힌 포스트잇을 교차해 하나씩 뜯는다.

◑ 수업 뒷이야기

1. 문제의 중복을 줄일 수 있게 개인별로 출제 범위를 정해준다.
2. 남아 있는 문제와 답이 매칭이 되지 않으면 세 쌍을 찾지 못했더라도 자리로 돌아가 앉는다.
3. 찾기 활동이 끝나면 자리에 앉은 순서대로 큰 소리로 문제를 읽고 답을 말한다.

◔ 활동 유의사항

1. 글씨는 크게, 또박또박 쓰도록 안내한다.
2. 질문은 구체적으로 출제하고, 절반 이상의 친구가 모를 것 같은 문제를 만들지 않는다.
3. 포스트잇을 동시에 잡는 경우, 가위바위보로 소유권을 결정한다.
4. 수학 활동은 메모장과 연필을 가지고 다닌다.

오르락내리락 골든벨

놀이 방법

1. 문제를 맞힌 사람은 level-up, 틀린 사람은 level-down 된다.
2. 레벨은 '바닥 앉기, 서 있기, 의자 앉기, 의자 서기, 책상 앉기' 5단계로 설정한다.
3. 문제가 끝나고 5단계 레벨에 있는 사람이 최종 승리한다.

수업 적용 방법

1. 국어 교과는 학생들이 텍스트의 내용을 확인하는 질문이나 어려운 단어의 뜻을 찾아보고 질문으로 만들게 한다.
2. 수학 교과는 성취기준을 달성하는 정도의 문제를 사용한다.
3. 놀이에 사용되는 문제의 개수는 안내하지 않는다.
4. 맞힌 정답의 개수보다 최후의 레벨이 중요하다는 사실을 사전에 안내하면 끝까지 최선을 다해 놀이한다.

◑ 수업 뒷이야기

1. 다른 놀이의 문제를 다시 사용하면 자연스레 복습이 된다.
2. 학생들이 만든 문제는 최대한 그대로 사용한다. 그래야 문제에 대한 애착과 기대감을 높일 수 있다.

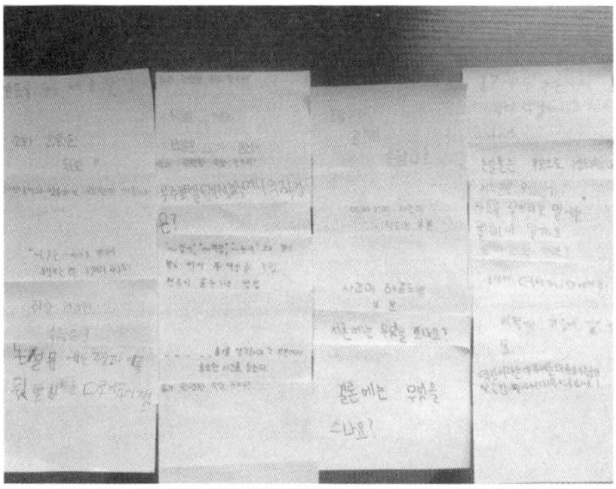

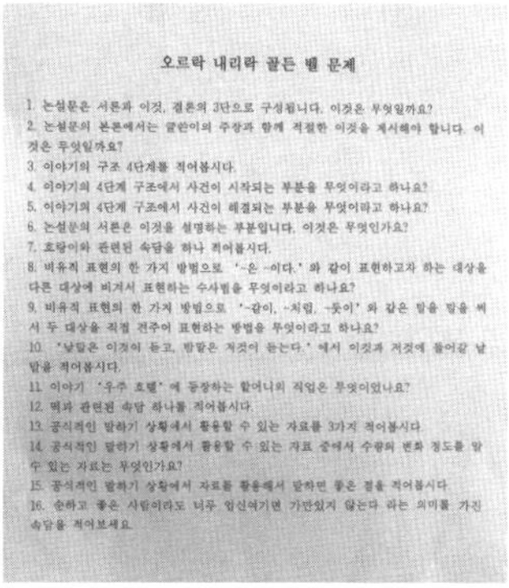

오르락 내리락 골든 벨 문제

1. 논설문은 서론과 이것, 결론의 3단으로 구성됩니다. 이것은 무엇일까요?
2. 논설문의 본론에서는 글쓴이의 주장과 함께 적절한 이것을 제시해야 합니다. 이것은 무엇일까요?
3. 이야기의 구조 4단계를 적어봅시다.
4. 이야기의 4단계 구조에서 사건이 시작되는 부분을 무엇이라고 하나요?
5. 이야기의 4단계 구조에서 사건이 해결되는 부분을 무엇이라고 하나요?
6. 논설문의 서론은 이것을 설명하는 부분입니다. 이것은 무엇인가요?
7. 호랑이와 관련된 속담을 하나 적어봅시다.
8. 비유적 표현의 한 가지 방법으로 '~은 ~이다.' 와 같이 표현하고자 하는 대상을 다른 대상에 비겨서 표현하는 수사법을 무엇이라고 하나요?
9. 비유적 표현의 한 가지 방법으로 '~같이, ~처럼, ~듯이' 와 같은 말을 말을 써서 두 대상을 직접 견주어 표현하는 방법을 무엇이라고 하나요?
10. '낮말은 이것이 듣고, 밤말은 저것이 듣는다.' 에서 이것과 저것에 들어갈 낱말을 적어봅시다.
11. 이야기 '우주 호텔' 에 등장하는 할머니의 직업은 무엇이었나요?
12. 떡과 관련된 속담 하나를 적어봅시다.
13. 공식적인 말하기 상황에서 활용할 수 있는 자료를 3가지 적어봅시다.
14. 공식적인 말하기 상황에서 활용할 수 있는 자료 중에서 수량의 변화 정도를 알 수 있는 자료는 무엇인가요?
15. 공식적인 말하기 상황에서 자료를 활용해서 말하면 좋은 점을 적어봅시다.
16. 순하고 좋은 사람이라도 너무 업신여기면 가만있지 않는다 라는 의미를 가진 속담을 적어보세요.

'환상의 커플' 놀이의 문제 포스트잇을 활용한 문제 리스트

◔ 활동 유의사항

1. 같은 문제라도 다른 놀이에서 반복적으로 사용하면 지루함을 느끼지 않는다.
2. 문제는 어려운 문제부터 시작해서 쉬워지게 배치한다.
3. 레벨 단계는 교실 상황에 따라 조정할 수 있지만 4단계 이하의 레벨은 놀이의 효과를 떨어뜨릴 수 있다.

텔레파시 빙고

놀이 방법

1. 빙고 판의 빈칸에 낱말을 적는다.
2. 빙고 판이 완성되면 순서에 따라 낱말을 부른다.
3. 불린 낱말이 있으면 낱말이 적힌 칸에 표시하고 표시된 낱말 5개가 한 줄로 연결되면 한 줄 빙고가 된다.
4. 교사도 놀이에 참여해 순서가 되면 낱말 하나를 부른다.
5. 교사가 말한 단어는 별 모양으로 표시한다.
6. 별 모양으로 표시된 단어도 빙고에 포함된다.
7. 빙고 놀이의 순위가 모두 결정되면 별 표시된 단어의 개수를 센다.
8. 별의 개수가 가장 많은 순서대로 순위가 된다.
9. 별의 개수가 같으면 가위바위보로 순위를 가린다.
10. 두 놀이의 순위를 더해 최종 순위를 가린다.

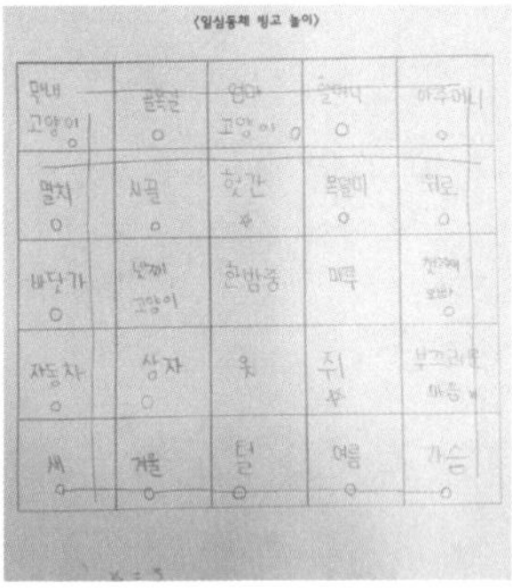

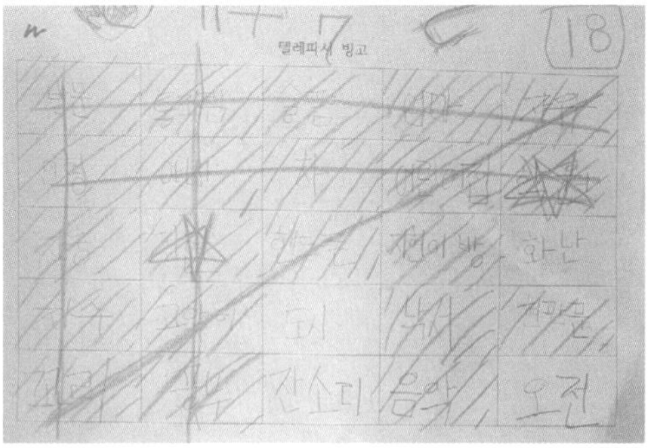

수업 적용 방법

1. 단원의 핵심 단어를 제공하고 그중에서 16개를 선별해 빈칸을 채

워 놀이한다.

2. 교사는 교과의 특성에 맞춰 선별 기준을 안내해 준다.

◑ 수업 뒷이야기

1. 적응 활동으로 '친구의 성격 알기' 주제 활동을 한다.
2. 16칸(25칸) 중 3칸에 내 성격을 적는다.
3. 나머지 칸은 가위바위보 놀이로 친구들 성격으로 채운다.
4. 가위바위보를 이긴 사람은 친구의 빙고 판에 내 성격 중에서 2개를 골라 원하는 칸에 적는다.
5. 내 빙고 판에는 친구의 성격 하나를 골라 원하는 칸에 적는다.

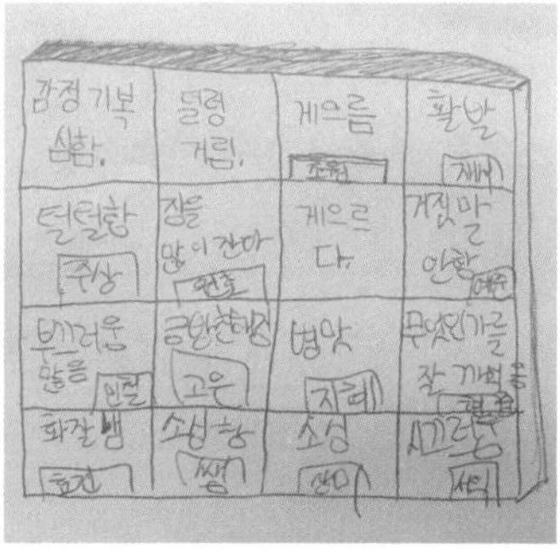

◔ 활동 유의사항

1. 텔레파시 빙고는 활동이 끝나기 전까지는 순위가 결정되지 않아 참여자 모두의 흥미를 끝까지 유지할 수 있다.

스피드 퀴즈

놀이 방법

1. 한 명씩 돌아가며 카드에 적힌 단어를 설명한다.
2. 문제를 맞히면 출제자는 빈 의자에 가서 앉고, 마지막 의자에 앉은 사람은 앞으로 나와 낱말을 설명한다.
3. 모둠 수가 많으면 토너먼트 형태로 진행한다.

수업 적용 방법

1. 단원 핵심 단어를 선별해 놀이한다.
2. '환상의 커플'이나 '골든벨' 등의 활동에서 사용했던 답은 최대한 수정하지 않고 그대로 사용한다.
3. 다른 놀이와 함께 운영하면 더 효과적인 활동이 된다.
4. 사용될 단어는 모둠별로 선별하거나 새로 적을 수도 있다.
5. 단어를 선별하면서 '어떻게 설명하면 좋을지'를 생각하도록 안내한다.

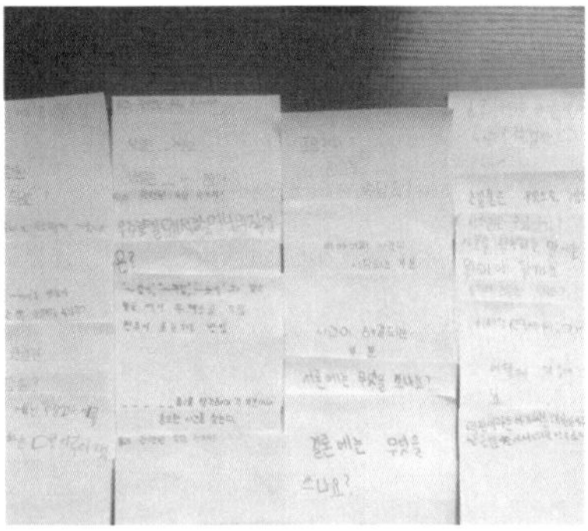

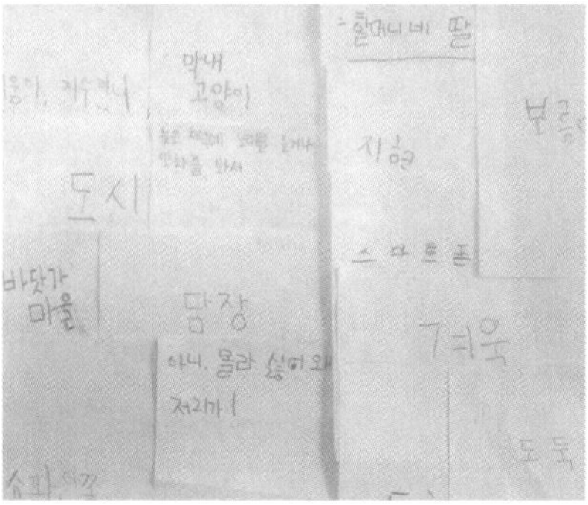

◑ 활동 유의사항

1. 설명과 답을 듣는 것만으로도 학습 효과가 있으므로 가급적 모둠별로 돌아가며 놀이한다.
2. 활동 시간이 적으면 토너먼트 형식으로 놀이한다.
3. 놀이에 참여하지 않는 모둠은 진행요원으로 활동에 참여한다.
4. 진행요원은 다른 모둠에서 말한 설명과 답을 잘 듣고 공정성의 문제가 발생하지 않도록 한다.

한 명씩 돌아가며 출제자가 되어 단어를 설명한다.

참여하지 않은 다른 모둠은 심판이 되어 공정한 판정을 한다.

5. 같은 단어를 두 번 적을 수 있게 한다.
   - 놀이의 운 요소를 더할 뿐 아니라 학습의 효과도 높여준다.
   - 한 번 더 나올 수 있어 다른 모둠의 설명을 집중해서 듣는다.
   - 앞에서 사용된 단어라도 설명의 과정을 반드시 거치도록 한다.
6. 말 대신 동작만으로 단어를 설명하게 할 수 있다.
7. 모둠에서 말로 설명하는 사람과 동작으로 설명하는 사람으로 반씩 역할을 나눠 놀이할 수 있다.

탱탱볼 교실 야구

● 놀이 방법

1. 탱탱볼을 베이스 책상에서 한 번 튕긴 후 손으로 친다.
2. 날아간 공이 책상에 맞으면 적힌 만큼 베이스를 이동한다.
3. 공을 한 번에 맞히지 못하거나 공이 책상에 맞지 않으면 아웃이 되고, 아웃이 세 번 되면 공격팀을 바꾼다.

책상을 임의로 배치한다.

책상 위에 병살, 안타, 홈런, 도루 등이 적힌 종이를 붙인다.

◕ 수업 적용 방법

1. 포스트잇에 교과 확인 문제를 적어 책상 위에 붙인다.
2. 문제는 단원의 성취수준으로 하고 학생들이 직접 만들게 한다.
3. 탱탱볼이 책상에 맞은 경우, 타자는 'GO'와 'STOP' 중 하나를 선택한다.
4. 'GO'를 선택하면 포스트잇에 적힌 문제를 해결한다.
5. 문제를 성공적으로 해결하면 한 베이스를 추가로 진루한다.
6. 공이 병살, 삼진 등이 적힌 책상에 맞은 경우, 문제를 해결하면 아웃이 무효 처리된다.

7. 문제를 해결하지 못하면 아웃이 되지는 않지만 획득한 안타는 취소된다.
8. 'STOP'을 외치면 적힌 만큼만 이동한다.

◑ 수업 뒷이야기

1. 학습 내용을 확인하는 문제나 핵심 단어를 사용해 놀이한다.
2. 수학 문제의 수준은 교과서 문제의 숫자를 바꾸는 정도로 한다.
3. 영어는 단어의 뜻을 묻거나 뜻을 보고 영어 단어를 말한다.
4. 단어를 활용하는 경우에는 타자가 단어를 설명하고 팀원이 단어를 맞히게 하는 방법을 사용한다.
5. 문제(단어)를 중복해서 넣으면 다른 모둠의 설명에 더 집중해서 듣는다.

둘이서 한 단어

놀이 방법

1. 제시된 두 글자를 듣고 단어를 완성한다.
2. 통용되는 어떤 단어라도 완성하면 성공으로 한다.
3. 팀원 모두가 단어를 완성하면 성공, 못 하면 실패가 된다.
4. 제한 시간은 너무 길지 않아야 하고 모두에게 일정해야 한다.

수업 적용 방법

1. 재미와 학습 효과를 높이기 위해 두세 글자 단어를 섞는다.

2. 두 글자 단어는 첫 글자를, 세 글자 단어는 첫 두 글자를 불러준다.

◑ 수업 뒷이야기

1. 놀이에 사용될 단어는 학생들이 직접 적는다.
2. 여러 교과 또는 단원을 활용할 때에는 간단한 놀이를 통해 모둠별로 원하는 교과 또는 단원을 결정한다.
3. 단어가 중복되지 않도록 모둠 친구들과 상의하며 적는다.

◔ 활동 유의사항

1. 모둠별로 과목이 적힌 쪽지를 뽑아 선택된 과목을 놀이하거나 과목에 상관없이 문제를 전부 섞어 놀이할 수 있다.
2. 사용된 단어를 모아두었다가 다음 놀이 활동에 사용한다.
3. 이전 단어가 섞이면 놀이의 재미와 학습의 효과가 높아진다.

줄줄이 말해요

● 놀이 방법

1. 주제를 제시하면 관련된 단어를 말한다.
2. 모둠원 모두가 주제 단어를 말하면 성공한다.
3. 정해진 시간 안에 단어를 말하지 못하면 실패가 된다.

〈제시어 리스트〉

나무 이름, 과일 이름, 과자 이름, 라면 이름, 차 이름, 아이돌 그룹, 동물 이름, 곤충 이름, 음료수 이름, 신발 브랜드, 만화 제목, 드라마 제목, 책 제목, 교과 이름, 웹툰 제목, 영어 단어, 신라 시대 인물 이름, 조선 시대 인물 이름, 독립운동가, 우리나라 역대 대통령, 미국 역대 대통령, 나라 수도 등

◕ 수업 적용 방법

1. 교과 통합놀이로 활동한다.
2. 교과 진도에 맞춰 제시어를 추가한다.
3. 다른 모둠의 제시어는 교과서에서 답을 찾을 수 있다.
4. 다른 모둠에서 실패한 단어를 다시 사용하면 활동에 더 능동적으

로 참여한다.

〈6학년 학습용 제시어 리스트〉

이야기 구조 네 가지, 감정 네 가지, 음악 교과 노래 제목, 장구 장단, 공식적인 상황에 사용하는 자료, 속담, 동물이 들어간 속담, 수업에 활용한 연극 기법, 추론 방법, 줄임말, 긍정의 말, 부정하는 말, 논설문 구조, 내가 할 수 있는 가정일, 가정일 선정 과정(선정, 계획 세우기, 실천, 평가), 가정일과 관련된 유망 직업, 하드웨어 제품, 소프트웨어, 소프트웨어와 관련된 유망 직업, 저작권(글, 그림, 사진, 음악 등), 로봇의 활용 분야, 손바느질 도구(실, 바늘꽂이, 마름질 가위, 쪽가위 등) 등

◑ 수업 뒷이야기

1. 비유적 표현 활동으로 답이 없는 제시어를 준다.
2. 단어 말하기에 성공하면, 제시어와 단어의 연관성을 질문한다.
3. 제시어와 단어를 연결해 말하기는 메타포 활동이 된다.
4. 메타포 활동이 자연스러워지면 비유적 표현에 자연스러워진다.

◔ 활동 유의사항

1. 교과 관련 제시어는 모둠의 수준을 고려해 제공한다.

○× 교실 야구

● 놀이 방법

1. 교사와 전체 가위바위보를 해서 이기면 한 베이스씩 이동한다.
2. 처음 자리로 돌아오는 횟수만큼 점수가 된다.

◕ 수업 적용 방법

1. '나 소개하기'를 주제로 적응 활동 놀이를 한다.
2. 활동은 모든 학생이 출제자로 참여하거나 특정인만 출제자가 되는 방법이 있다.
3. 보통 첫 번째 방법을 주로 사용한다.
4. 두 번째 방법은 전학생, 부적응 학생 등을 대상으로 한다.
5. 학급 부적응 학생을 대상으로 할 때는 우연히 선택된 것처럼 보이게 한다.

◑ 수업 뒷이야기 하나

1. 새 학기 첫날, 첫 시간에 교사 소개 시간을 갖는다.
2. 문제의 내용은 취향과 취미, 교육관, 성격 등 무엇이든 좋다.
3. 놀이가 끝나고 궁금한 점을 질문한다.

4. 활동지에 바라는 점이나 궁금한 것을 적게 하는 것보다 놀이로 했을 때, 반응이 훨씬 좋다.

〈 예시 질문 리스트 〉

가. 선생님은 질문을 많이 하는 학생을 싫어한다.
나. 선생님은 과제를 해오지 않으면 혼을 낸다.
다. 선생님은 거짓말하는 사람을 싫어한다.
라. 선생님은 착한 학생을 좋아한다.
⋮
하. 선생님이 가장 좋아하는 음식은 치킨이다.

5. 교사 소개 놀이 후, 학생들이 출제자가 되어 놀이한다.
6. 나에 관한 ○✕문제 3개를 만들어 순서에 따라 진행자가 된다.
7. 출제자는 진행자가 되어 내가 만든 문제를 발표한다.

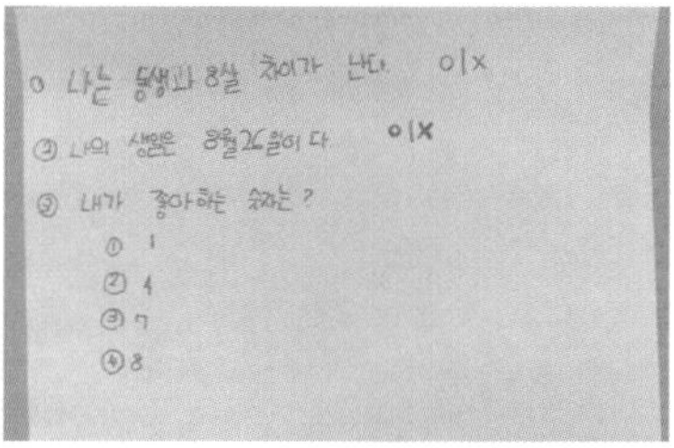

출제자는 문제를 읽고, 원래 있던 베이스에서 한 베이스 이동한다.

모둠	1번	2번	3번	4번	합계
1	3	3	3	4	13
2	4	4	2	3	13
3	3	5	3	5	16
4	3	4	3	5	15

최종 점수는 문제를 다 풀고, 모둠원의 점수를 더해서 구한다.

◑ 수업 뒷이야기 둘

1. 수학의 차시 또는 단원 학습 놀이로 사용한다.
2. 사용하는 문제는 교과서나 수익 문제의 숫자만 바꿔 만든다.
3. 출제자는 문제의 숫자와 문제 유형이 바뀌기 때문에 문제를 만들면서 답을 확인한다.
4. 놀이가 시작되면 계산할 수 있게 종이와 연필을 가지고 다니도록 안내한다.
5. 문제는 20초 안에 해결될 정도로 간단해야 한다.
6. 문제에 사용되는 숫자의 단위는 교과서 문제와 같게 한다.

◔ 활동 유의사항

1. 정답 발표 전까지 어떤 말도 하지 않는다.
2. 문제 풀이와 관련된 어떤 말이든 하면 홈베이스로 돌아간다.

같은 그림 카드 찾기

놀이 방법

1. 카드의 그림이 보이지 않게 뒤집어 펼친다.
2. 카드 2장을 골라 뒤집는다.
3. 2장이 같은 그림이면 성공, 그렇지 않으면 실패가 된다.
4. 실패 시 카드를 원래대로 뒤집어놓는다.

수업 적용 방법

1. 빈 카드에 단어와 단어의 뜻으로 짝을 맞춰 24세트 48장의 카드를 제작한다.
2. 영어 카드는 스펠링과 한글 뜻으로 짝을 맞춘다.
3. 사회 교과는 키워드와 그림으로 짝을 맞춘다.
4. 수학 교과는 암산이 가능한 식과 답으로 짝을 맞춘다.
5. 분수 단원에서 (분수) ÷ (자연수)와 (분수) × (분수)를 세트로 카드를 만든다.

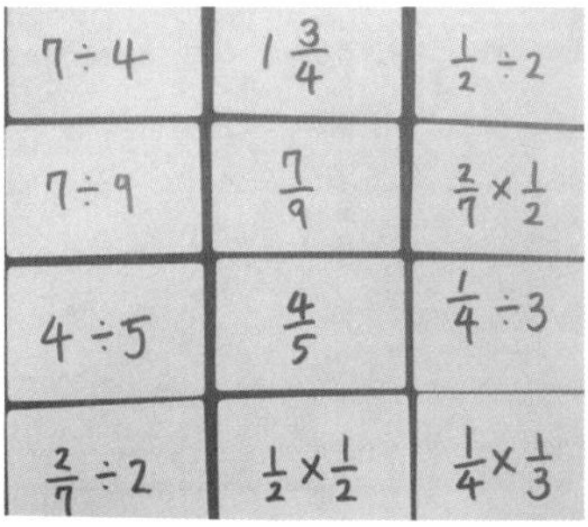

할리갈리

놀이 방법

1. 딸기, 바나나, 라임, 자두가 1개에서 5개까지 그려져 있는 카드를 잘 섞어 똑같이 나눠 갖는다.
2. 받은 카드는 잘 섞은 뒤 보이지 않게 뒤집어 자기 앞에 둔다.
3. 맨 위의 카드를 상대방이 먼저 보도록 바깥쪽으로 펼친다.
4. 펼쳐진 카드의 과일 합이 5개이고, 같은 과일일 때 종을 친다.
5. 종을 먼저 친 사람은 그때까지 펼쳐진 카드를 모두 가져간다.
6. 종을 잘못 치면 친구들에게 카드를 1장씩 나눠 준다.
7. 더 펼칠 카드가 없으면 게임에서 탈락한다.

수업 적용 방법

1. 사회 역사 단원에서 구·신석기, 삼국 시대, 통일신라와 발해, 고려, 조선, 일제 강점기 등의 시대로 구분해 카드를 제작한다.
2. 시대별로 핵심 단어 5장, 그림 5장씩 총 80장의 카드를 만든다.

3. 나눠 받은 카드를 보이지 않게 뒤집어놓고 놀이를 시작한다.
4. 펼쳐진 카드에서 같은 시대의 그림 카드와 낱말 카드가 있으면 종을 친다.
5. 세 명 이상 놀이 시, 세 장의 카드가 같은 시대이면 종을 친다.
6. 이때, 단어 카드와 그림 카드가 각각 한 장씩은 포함되어 있어야 한다.
7. '같은 그림 카드 찾기'에서 만든 교과 카드를 활용하면 좋다.

◑ 수업 뒷이야기

1. 관용표현에 사용된 핵심 단어를 뽑아 놀이 카드를 만든다.
2. 펼쳐진 카드에서 하나의 관용표현에 사용된 단어 2개가 보이면 종을 친다.

〈속담 카드 제작에 사용한 낱말〉

달걀	바위	구슬	보배	말	씨
배	배꼽	백지장	맞들다	아이	떡
사공	배	목수	집	그물	물고기
바늘	실	하나	열	새	쥐
가는 말	오는 말	비	굳은 땅	가뭄	콩
세 살	여든	한 우물	파다	부모	떡
지렁이	꿈틀	토끼	그물	제사	떡
쥐구멍	볕	콩	팥	식은 죽	먹다
구슬 서 말	꿰매다	티끌	태산	간	쓸개
소	외양간	원숭이	떨어짐	말	채찍질
닭	지붕	한 마디 말	천 냥	도끼	발등

종이 공 농구

놀이 방법

1. 이면지를 공처럼 구겨 바구니에 던진다.
2. 바구니의 크기나 위치를 다르게 해 점수차를 둔다.

수업 적용 방법

1. 종이에 친구에게 하고 싶은 말이나 궁금한 점을 적는다.
2. 버리고 싶은 생각이나 화가 났던 상황 등을 적을 수도 있다.
3. 바구니에 들어간 공은 그 안의 글을 함께 나누거나 해결한다.

수업 뒷이야기

1. 종이 공에 교과 내용을 확인하는 문제를 적는다.
2. 진행자는 바구니에 들어간 공의 문제를 읽는다.
3. 문제의 출제자와 답을 맞힌 사람은 점수를 받는다.

찾아라, 찾았다!

● 놀이 방법

1. 활동지 윗부분에 숫자를 임의로 적는다.
2. 놀이 순번의 사람은 임의의 숫자 하나를 외치고 활동지 아랫부분의 빈칸에 ○ 표시한다.
3. 나머지 사람들은 불린 숫자를 찾아 '찾았다'를 외친다.
4. 숫자를 찾은 사람도 마지막 사람이 '찾았다'를 외치기 전까지 활동지 아랫부분의 빈칸에 ○ 표시한다.
5. 빈칸을 채운 순서대로 순위가 된다.

◕ 수업 적용 방법

1. 숫자 대신 교과의 핵심 단어를 적게 한다.
2. 임의의 단어를 부르고 친구들이 다 찾을 때까지 빈칸에 ○ 표시한다.

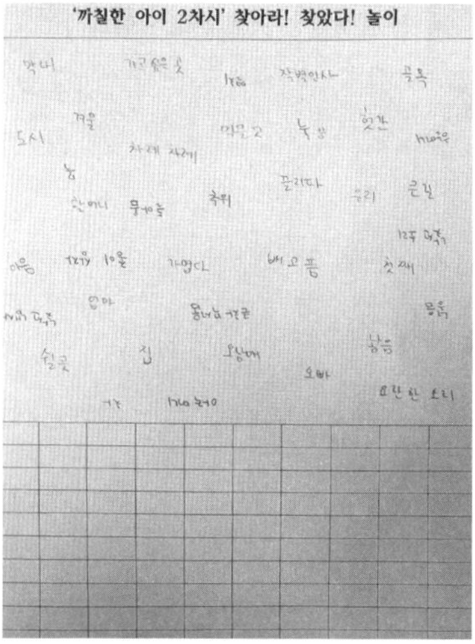

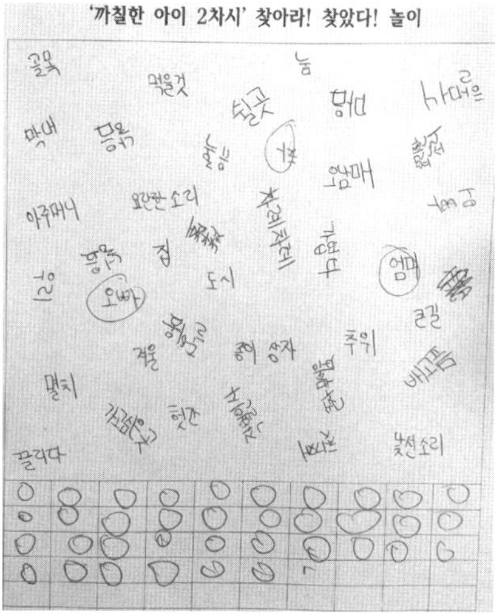

◑ 수업 뒷이야기

1. 단어에 익숙해져야 하는 단원이나 교과에 사용한다.
2. 영어 교과는 반드시 놀이 전 함께 소리 내 단어를 읽는다.
3. 이야기의 중심 사건을 정리한 후 놀이에 사용할 단어를 직접 선별하게 한다.

〈놀이에 사용할 단어 리스트〉

주요 사건	중심 단어
겨울날 추위와 배고픔에 지친 엄마는 헛간으로 숨어들어가 우리 오남매를 낳았다.	겨울, 추위, 배고픔, 엄마, 헛간, 오남매, 낳음
할머니는 우리를 가엽게 여겨 먹을 것과 쉴 곳을 주었다.	할머니, 우리, 가엽다, 먹을 것, 쉴 곳
첫째 오빠부터 차례차례 자신이 가고 싶은 곳을 찾아 집을 떠나다.	첫째, 오빠, 차례차례, 가고 싶은 곳, 집
마음이 끌리는 도시로 떠나기 위해 막내에게 작별 인사를 하고 집을 떠나다.	마음, 끌리다. 도시, 막내, 작별 인사
골목을 지나 큰길을 가던 중 요란한 소리를 내던 큰 차가 무서워 다시 집으로 돌아오다.	골목, 큰길, 요란한 소리, 큰 차, 무서움, 돌아옴
할머니가 멸치로 나를 유혹하더니 목을 잡아 종이 상자에 넣어버렸다.	할머니, 멸치, 유혹, 목, 종이 상자, 넣음
종이 상자에 넣어진 나는 아주머니의 차를 타고 낯선 냄새와 낯선 소리가 나는 곳으로 가게 되었다.	아주머니, 차, 낯선 냄새, 낯선 소리

◔ 활동 유의사항

1. 제공하는 단어 리스트는 모둠별로 1~2개 정도로 제공한다.
2. 결핍이 있어야 "뭐라고 쓰여 있어?"라고 묻는다.

말판 놀이(학습 놀이 편)

● 놀이 방법

1. 주사위를 던져 나온 만큼 말을 이동한다.
2. 이동한 칸의 과제를 해결하지 못하면 원래 칸으로 돌아간다.

〈말판 기본 놀이판〉

가족에게 전화해 '사랑해'라는 말 듣기	○○ 노래 부르기	노래 1절 부르기	세 칸 뒤로	모둠 릴레이 박수치기	수업 시간에 배운 것 하나 말하기	
한 칸 전진	말판 놀이 규칙 1. 이미 말한 이유는 말할 수 없음 규칙 2. 동작 설명에 소리를 내면 실패 규칙 3. 친구와 똑같은 동작은 안 됨 규칙 4. 4바퀴를 먼저 돌면 승리 규칙 5. 과제수행 실패 시 원래 위치로 복귀				속담 카드 한 장 뽑아 몸으로 설명	
4초 안에 친구 장점 3가지 말하기					3초 안에 ○○의 잘난 점 3개 말하기	
친구 이름 3행시					친구에게 진심을 담은 '사랑해'	
감정 카드 뽑아 동작 설명	절대 음감	한 번 쉼	모둠 댄스 5초	카드 내용을 몸으로 설명	원숭이 흉내	시작

◕ 수업 적용 방법

1. 말판을 빈칸으로 두고 문제가 적힌 카드(쪽지)를 준비한다.
2. 문제는 내용을 확인하거나 단어의 뜻을 물어보게 출제한다.
3. 수학 교과의 문제는 교과서와 비슷한 수준으로 출제한다.

4. 문제는 주사위를 던진 사람이 직접 해결하고 문제를 해결하지 못하면 원래 칸으로 돌아간다.
5. 문제를 해결하지 못한 사람은 다음 차례에서 같은 문제에 재도전한다.
6. 해결하지 못한 문제는 다음 차례 전까지 친구에게 묻거나 교과서에서 답을 찾을 수 있다.

		주사위 한 번 더			꽝	주사위 숫자 ×2
한 칸 뒤로						
						두 칸 뒤로
꽝		두 칸 앞으로				시작

◑ 수업 뒷이야기 하나

다양한 카드를 사용해 통합교과 놀이를 한다.

1. 그림 카드
   가. 여러 문제 상황이 담긴 그림을 코팅해 카드로 제작한다.
   나. 그림을 보고 문제점, 해결을 위한 주장, 주장에 대한 근거를 차례로 말한다.
   다. 근거는 주장한 것처럼 하면 어떤 점이 좋은지를 말하면 된다.

라. 그림 카드는 '주장과 근거'와 관련된 단원에서 활용도가 높다.

2. 동작 카드

가. 동작으로 카드의 단어를 설명한다.

나. 주사위를 던진 사람이 설명하고 모둠 친구가 답을 말한다.

〈종합 말판 놀이판〉

그림	그림	동작	초성	동작	그림	글자
동작						절대 음감
초성						한 칸 뒤로
한 칸 뒤로	동작 카드		초성		그림 카드	그림
초성						초성
한 번 쉼						두 칸 앞으로
초성						한 번 쉼
동작						동작
속담	속담 카드		글자 카드		절대 음감	속담
두 칸 앞으로						두 칸 뒤로
절대 음감						글자
글자	속담	초성	동작	그림	절대 음감	☜ 시작

3. 초성 카드

가. 초성 하나 또는 두 개를 빈 카드나 쪽지에 적는다.

나. 제시된 초성으로 팀원 모두가 다른 단어를 만들면 된다.

다. 제한 시간은 길지 않고 일정하게 제시한다.

4. 기타 카드

가. 글자 카드: 카드에 적힌 글자로 시작하는 단어를 말한다.

나. 속담 카드: 속담을 말이나 동작으로 설명한다.

다. 절대 음감 카드: 단어를 한 글자씩 차례로 높은음으로 말한다.

라. 구구단 카드: 카드에 적힌 곱셈식의 답을 2초 안에 말한다.

마. 감정 카드: 경험을 바탕으로 카드 속 감정을 설명한다.

바. 네 글자 카드: 앞 두 글자를 제시하면 나머지 글자를 말한다.

사. 역사 카드: 역사의 인물을 친구에게 설명하거나 카드에 적힌 설명을 보고 어떤 사건인지 말한다.

◑ 수업 뒷이야기 둘

1. 단원 정리 활동으로 말판 놀이를 사용한다.
2. 준비물은 8절지와 포스트잇 25장을 준비한다.
3. 가위바위보 놀이로 순위를 가린다.
4. 가위바위보로 정한 순위에 따라 포스트잇을 각각 4장, 3장, 2장, 1장을 받는다.
5. 받은 포스트잇에 자신의 이름을 적는다.
6. 나머지 포스트잇 15장에서 14장에는 자음을 적는다.
7. 나머지 한 장은 시작점으로 사용한다.
8. 포스트잇 25장을 8절지에 직사각형 모양으로 붙인다.
9. 가로와 세로에 붙이는 포스트잇 개수는 아무래도 상관없다.
10. 주사위를 던져 이동한 칸에 내 이름이 적혀 있으면 어떤 (교과)단어도 적을 수 있다.
11. 이동한 칸에 친구의 이름이 적혀 있으면 원래 칸으로 돌아간다.

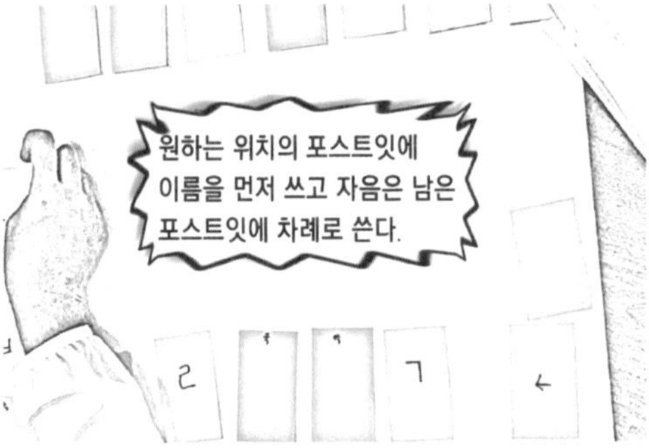

12. 활동지에 단원 내용과 관련된 단어를 적으면 3점, 관련 없는 단어를 적으면 1점이 된다.
13. 내 이름이 적혀 있는 칸에서 적은 단어는 2점으로 한다.

◔ 활동 유의사항

1. 카드 제작
   가. 카드 제작은 빈 카드 또는 쪽지에 단어를 적어 만든다.
   나. 판매되는 카드보다는 우리 반의 수준을 고려해 직접 제작하는 것이 좋다.
   다. 제작은 어렵지 않고 한 번 만들면 오래 사용할 수 있다.
   라. 카드는 놀이 과정에서 피드백을 받아 수정·보완한다.
2. 단원 학습 내용 정리
   가. 단원 정리 학습 말판 놀이 시에는 교과서 검색 시간을 준다.
   나. 검색 시간은 내 차례가 끝난 직후부터 내 앞 친구의 차례가 시작할 때까지로 한다.
   다. 시간제한이 있어야 짧은 시간에 집중해서 보고 놀이 운영에 차질이 생기지 않는다.

라. 한 번에 제공되는 시간은 짧지만 여러 번의 기회가 제공되기 때문에 학습 효과가 높다.

마. 이전 단원으로 범위를 넓히면 자연스럽게 복습도 되고 활용 단어가 많아져 놀이가 더 원활히 진행된다.

바. 교과 이외의 단어도 스마트 기기를 활용해 검색할 수 있게 한다.

사. 교과 단어만으로는 놀이가 진행되기 어렵다.

벽치기 피구

놀이 방법

1. 타원이나 직사각형 모양의 경기장을 만든다.
2. 공격이나 수비의 구분 없이 경기장에 들어간다.
3. 탱탱볼을 손바닥으로 쳐 무릎 아래에 공이 맞으면 아웃이 된다.

〈경기 규칙〉

1. 한 사람이 연속해서 공을 두 번 칠 수 없다.
2. 벽(책상)에 맞고 튕겨 나온 공을 칠 수 있다.
3. 공이 멈추면 공이 벽에 맞지 않더라도 칠 수 있다.
4. 손으로 친 공이 경기장 밖으로 나가면 아웃이 된다.
5. 다른 신체 부위(무릎 위)를 맞고 공이 나간 경우에도 공을 친 사람이 아웃이 된다.

수업 적용 방법

1. 사전에 수준별 평가 문제를 준비한다.
2. 아웃 된 사람은 준비된 문제를 풀면 다시 놀이에 참여할 수 있다.
3. 문제는 기초 수준의 문제로 준비한다.
4. 문제의 답을 모르는 경우 교과서에서 찾아 답할 수 있다.

5. 제한 시간이 지났을 때 경기장에 남아 있는 팀원의 수를 세 승패를 결정한다.

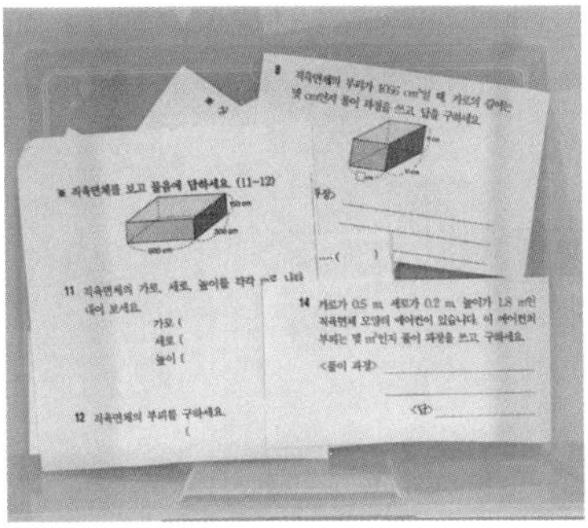

◑ 활동 유의사항

1. 개인전은 학습 수준을 고려한 다양한 수준의 문제를 준비한다.
2. 문제를 다시 뽑을 수 있지만 10초를 기다려야 한다.
3. 단체전은 모둠별로 문제 바구니를 따로 준비한다.

때려! 피해!

● 놀이 방법

1. 짝 활동으로 진행된다.
2. 팀(남녀)당 하나의 단어를 지정해 준다.
3. 우리 팀에 지정된 단어가 나오면 짝의 손바닥을 때린다.
4. 상대 팀의 지정 단어가 나오면 재빨리 손바닥을 피한다.

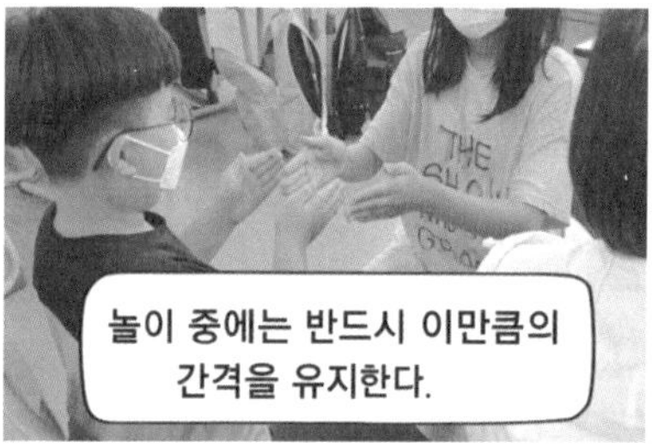

◑ 수업 적용 방법

1. 고정관념, 편견과 관련된 주제학습에 사용한다.
2. 학습 주제를 담고 있는 그림책과 연계한다.
3. 남학생과 여학생에게 단어 하나씩을 지정해준다.
4. 학습 주제가 '고정된 성 역할'이라고 한다면 남학생에게는 남자 주인공을 여학생에게는 여자 주인공을 지정 단어로 한다.
5. '고정된 성 역할'을 주제로 활용할 수 있는 그림책은 『종이 봉지 공주』, 『산타 할머니』, 『돼지책』 등이 있다.
6. 그림책 활동이 끝나면 같은 놀이로 정리 활동을 한 번 더 한다.
7. 정리 활동에서는 나의 선택에 따라 때리거나 피하게 된다.

8. 제시어(집안일 또는 고정관념)가 나에게 해당된다고 생각하면 때린다.

9. 제시어가 나에게 해당되지 않는다고 생각하면 피한다.

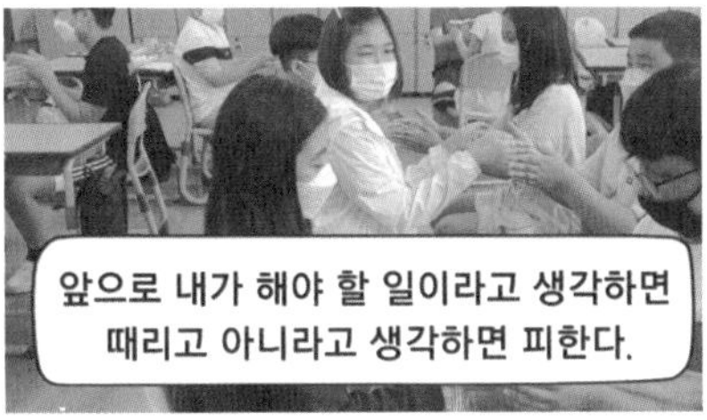

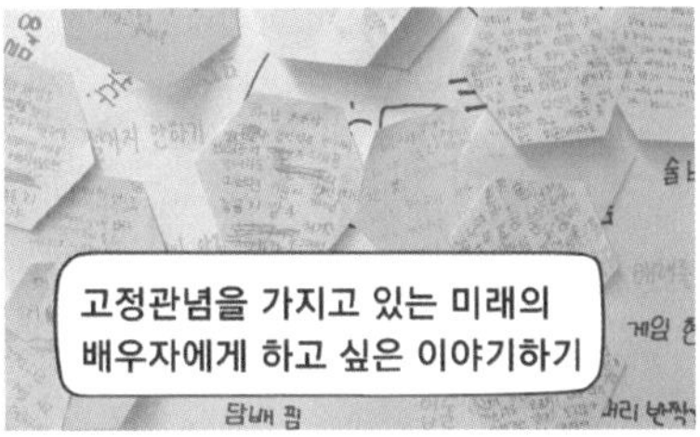

10. '편견'을 주제로 한다면 색깔, 옷, 신발 등을 성별이나 인종에 연결해 제시한다.

11. 제시되는 문장은 편견을 극복한다는 내용으로 하고 '나는 앞으로 그럴 것이다.'라고 생각하면 때린다.

◑ 활동 유의사항

1. 놀이는 집중해서 이야기를 듣게 한다.

2. 고학년의 경우 그림책으로 주제학습을 하면 지루해 하기 쉬워 가급적 놀이를 넣어 활동한다.

눈치 게임

● 놀이 방법

1. 다른 사람과 겹치지 않게 차례로 숫자를 외치며 일어난다.
2. 동시에 같은 숫자를 외친 사람이나 마지막까지 남아 있는 한 사람은 놀이에서 탈락한다.

◕ 수업 적용 방법

1. 학생 수만큼 핵심 단어를 준비한다.
2. 교실 칠판이나 교실 스크린에 단어를 보여준다.

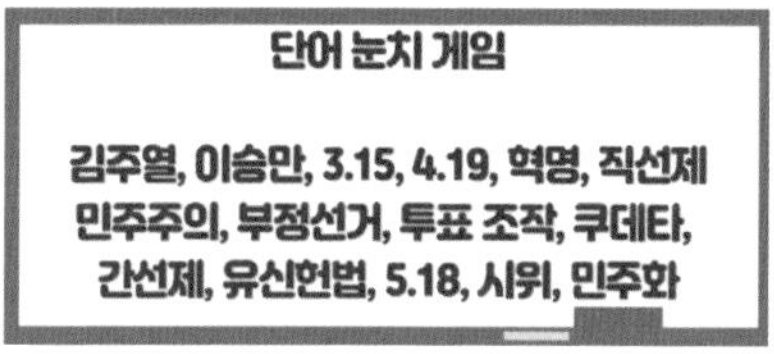

3. 임의로 단어를 하나 선택해 크게 외치며 일어난다.
4. 동시에 단어를 외치거나 같은 단어를 말하면 탈락하게 된다.
5. 동시에 단어를 외친 경우 가위바위보에서 진 사람만 탈락한다.
6. 단어를 한 번이라도 더 말하게 하는 데 목적이 있기 때문이다.

책 펼치기 놀이

● 놀이 방법

1. 책을 펼쳐 펼쳐진 면의 쪽 수 또는 사람 수로 순위를 가린다.
2. 펼쳐진 면의 쪽 수는 마지막 두 수를 더해 일의 단위 숫자만 사용한다.
3. 마지막 두 수가 같으면 그 두 숫자를 그대로 인정한다.

◕ 수업 적용 방법

1. 교과서 마지막 부분에 있는 '찾아보기'를 활용해 교과 핵심 단어 리스트를 만든다.
2. 리스트의 단어가 펼친 면에 있는지 확인한다.
3. 단어의 수만큼 점수를 얻게 된다.
4. 단어 찾기가 쉽지 않으므로 놀이는 모둠 단위로 한다.

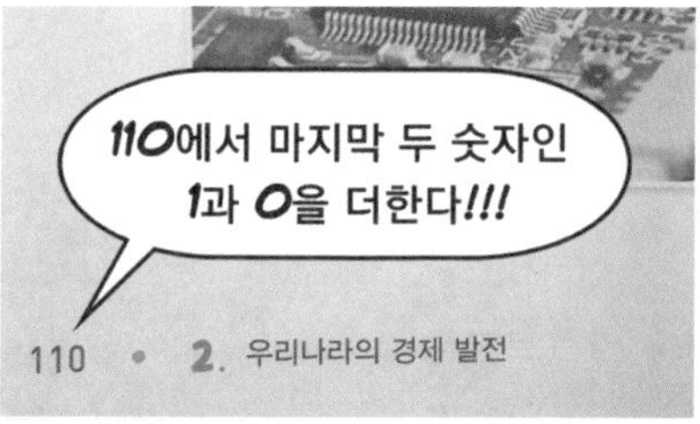

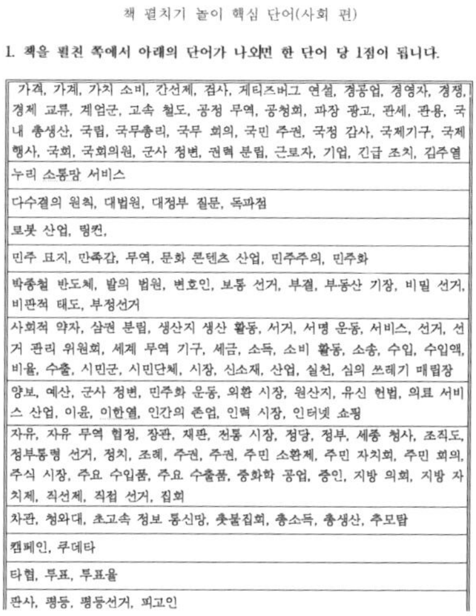

책 펼치기 놀이 핵심 단어(사회 편)

1. 책을 펼친 쪽에서 아래의 단어가 나오면 한 단어 당 1점이 됩니다.

가격, 가계, 가치 소비, 간선제, 검사, 게티즈버그 연설, 경공업, 경영자, 경쟁, 경제 교류, 계엄군, 고속 철도, 공정 무역, 공청회, 과장 광고, 관세, 관용, 국내 총생산, 국립, 국무총리, 국무 회의, 국민 주권, 국정 감사, 국제기구, 국제 행사, 국회, 국회의원, 군사 정변, 권력 분립, 근로자, 기업, 긴급 조치, 김주열
누리 소통망 서비스
다수결의 원칙, 대법원, 대정부 질문, 독과점
로봇 산업, 링컨,
민주 묘지, 만족감, 무역, 문화 콘텐츠 산업, 민주주의, 민주화
박종철 반도체, 발의 법원, 변호인, 보통 선거, 부결, 부동산 기장, 비밀 선거, 비판적 태도, 부정선거
사회적 약자, 삼권 분립, 생산지 생산 활동, 서거, 서명 운동, 서비스, 선거, 선거 관리 위원회, 세계 무역 기구, 세금, 소득, 소비 활동, 소송, 수입, 수입액, 비율, 수출, 시민군, 시민단체, 시장, 신소재, 산업, 실천, 심의 쓰레기 매립장
양보, 예산, 군사 정변, 민주화 운동, 외환 시장, 원산지, 유신 헌법, 의료 서비스 산업, 이윤, 이한열, 인간의 존엄, 인력 시장, 인터넷 쇼핑
자유, 자유 무역 협정, 장관, 재판, 전통 시장, 정당, 정부, 세종 청사, 조직도, 정부통령 선거, 정치, 조례, 주권, 주권, 주민 소환제, 주민 자치회, 주민 회의, 주식 시장, 주요 수입품, 주요 수출품, 중화학 공업, 증인, 지방 의회, 지방 자치제, 직선제, 직접 선거, 집회
차관, 청와대, 초고속 정보 통신망, 촛불집회, 총소득, 총생산, 추모탑
캠페인, 쿠데타
타협, 투표, 투표율
판사, 평등, 평등선거, 피고인

초성 일심동체

● 놀이 방법

1. 제시된 초성을 보고 떠오르는 단어를 말한다.
2. 팀원이 동시에 같은 단어를 말하면 성공이 된다.

◔ 수업 적용 방법

1. 교과 핵심 단어의 초성으로 놀이한다.
2. 초성을 제시하기 전에 반드시 교과와 단원을 제시한다.

◑ 활동 유의사항

1. 카테고리에 과자 브랜드, 신발 브랜드, 연예인 등과 같이 학생들이 좋아하는 주제도 포함해 놀이한다.
2. 교과의 어려운 단어는 글자와 초성을 섞어 제시한다.
3. 예를 들어 '민주주의'의 초성 대신 글자와 초성 조합(민ㅈㅈㅇ)으로 제시한다.

진진가

● 놀이 방법

1. 내 경험과 관련된 문장 4개를 적는다.
2. 3개의 문장은 진짜, 1개의 문장은 거짓 경험을 적는다.
3. 교실을 돌아다니며 친구들과 만나 적은 내용을 이야기한다.
4. 서로의 이야기를 듣고 거짓 경험 하나를 찾아 활동지에 적는다.
5. 친구를 다 만났으면 자리로 돌아가 경험의 진실 여부를 밝힌다.
6. 친구의 거짓 경험을 찾으면 +2, 틀리면 -1점이 된다.

〈진진가 놀이 활동지〉

친구들은 잘 모르는 나에 대한 정보나 경험을 적어보세요. 단 한 가지는 진짜가 아닌 거짓으로 적어야 합니다.	
①	②
③	④
혈액형, 주말에 했던 일, 방학 동안 있었던 일, 여행을 갔던 곳 등	

친구의 이름	거짓말	점수	친구의 이름	거짓말	점수
예) 이순신	3번				
총점					

◕ 수업 적용 방법

1. 진진가 놀이의 기본 원리는 오답을 찾는 것이다.
2. 이 원리를 활용하면 모든 교과에서 놀이로 사용할 수 있다.
3. 교과 놀이는 내용에 대한 사실 3개와 거짓 1개를 섞어 문제로 만든다.
4. 만든 문제의 보기가 맞는지 모둠 친구들과 서로 확인한다.
5. 활동이 시작되면 학급 친구(모둠 친구 포함)를 만나며 활동지에 답을 적는다.

◑ 수업 뒷이야기 하나

1. 방학이나 주말에 있었던 일로 모둠 놀이 활동을 한다.
2. 읽었던 책의 내용, 먹었던 음식, 가봤던 곳, 본 영화 등과 같이 내가 경험한 일로 보기를 작성한다.
3. 진짜 경험과 가짜 경험을 섞어서 보기를 작성한다.
4. 진짜 경험은 최소한 2개 이상 적는다.

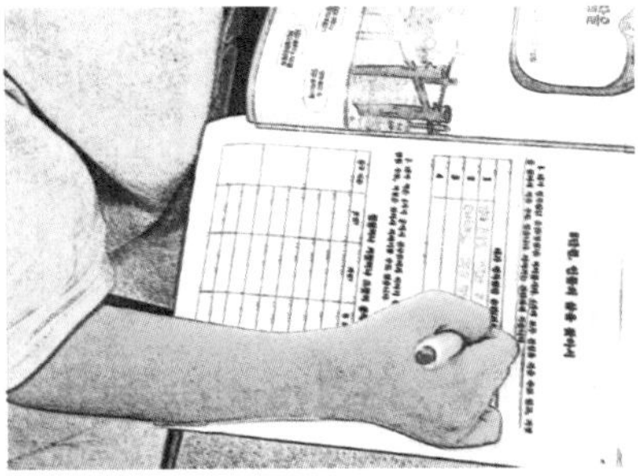

5. 듣는 사람은 '언제?' '누구랑?' '무엇을 했어?' 등과 같이 구체적인 정보를 묻는 질문으로 추리의 근거를 수집한다.
6. 질문받는 사람은 정보의 양을 적당히 조절해 말한다.
7. 질문 활동이 끝나면 '진짜, 가짜, 모르겠다' 중 하나를 선택한다.
8. 추리에 성공하면 2점, 실패하면 -1점, 선택하지 않으면 0점이 된다.
9. 출제자는 추리에 모두가 실패하면 -2점, 한 명이라도 성공하면 1점, 모두가 추리에 성공하면 0점이 된다.

◑ 수업 뒷이야기 둘

1. 감정과 관련된 단원의 도입 활동으로 놀이한다.
2. 활동지에 특정 감정(슬픔, 기쁨, 분노 등)을 느꼈던 순간(경험)을 4개 쓴다.
3. 진짜 경험은 최소한 2개 이상 적는다.
4. 놀이가 끝나면 진짜 감정을 모아 '우리가 생각하는 특정 감정(행복, 슬픔 등)이란'과 같은 제목의 시를 쓴다.

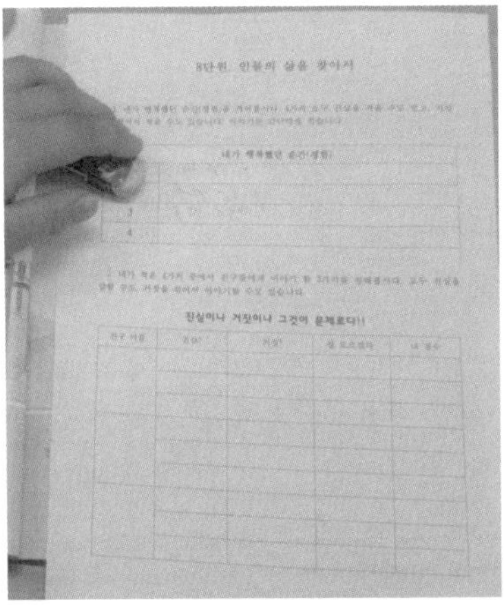

행복한 일

김초원

할머니를 보러 가는 것은
민철이에게 행복한 일이다.

선물을 받는 것은
상미에게 행복한 일이다.

밤새 게임하는 것은
예준이에게 행복한 일이다

금요일 밤 몰래 빼 온 커피를 마시며 게임하는 건
나에게 행복한 일이다.

행복한 일은 우리에게
우리의 꿈처럼 다양하다.

5. 시를 처음 쓸 때는 시의 형식을 구체적으로 안내한다.
6. 1연과 2연은 활동 중에 들었던 친구의 진짜 경험을 적는다.
7. 3연은 내 경험을 적고, 4연은 친구와 내 경험의 공통점을 찾아 '우리가 생각하는 특정 감정이란 ○○○이다.'처럼 마무리한다.
8. 각 연의 마지막을 '○○(친구 이름)에게 ~은 행복한 일이다.'처럼 라임을 맞춰 시의 형식을 갖추게 한다.

◔ 활동 유의사항

1. 뒷면에 경험의 진짜와 가짜 여부를 미리 적어둔다.
2. 놀이에 이기고 싶은 아이들이 말을 바꾸기도 하고 친구가 말한 경험을 믿지 못하는 아이들이 있다.

<진진가를 활용한 시 쓰기 활동지>

1. 내가 행복했던 순간(경험)을 적어봅시다. 4가지 모두 진실을 적을 수도 있고 거짓을 섞어 말할 수도 있습니다.

내가 행복했던 순간(경험)	
1	
2	
3	
4	

2. 내가 적은 4가지 중에서 친구들에게 이야기할 3가지를 정해봅시다. 모두 진실을 말할 수도, 거짓을 섞어서 이야기할 수도 있습니다.

진실이냐! 거짓이냐! 그것이 문제로다!!

친구 이름	진실?	거짓?	잘 모르겠다	내 점수

〈점수 계산법〉
1. 진실 혹은 거짓을 정확히 판정했다면 2점
2. 진실 혹은 거짓 판정에 실패했다면 -1점
3. '잘 모르겠다'를 선택했다면 0점

끝말잇기

● 놀이 방법

1. 제시어의 마지막 글자로 시작하는 단어를 말한다.
2. 단어를 말하지 못하거나 사전에 없는 단어를 말하면 탈락한다.
3. 동작으로 단어의 특징을 살려 '동작 끝말잇기'를 할 수 있다.
4. 동작을 이해하는 사람이 있으면 성공으로 간주한다.

◕ 수업 적용 방법

1. 칠판에 특정 단어를 제시하고 '탈출 끝말잇기'를 한다.
2. 제시된 단어를 말하면 놀이에서 탈출하게 된다.
3. 모둠 간 대결은 '동작 끝말잇기'로 진행할 수 있다.
4. 모둠 활동 시에는 같은 모둠원이 연이어 단어를 말하게 된다.
5. 모둠에서의 순서는 '동작-말-동작-말'로 단어를 표현한다.

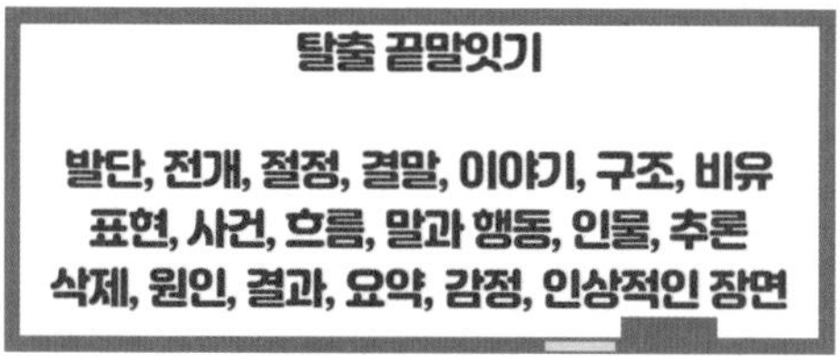

도둑 잡기

● 놀이 방법

1. 조커 카드 한 장을 포함한 카드를 잘 섞어 똑같이 나눈다.
2. 받은 카드에 같은 숫자가 2장 있으면 묶어서 버린다.
3. 버릴 카드가 없으면 옆 친구에게서 한 장을 뽑아 가져온다.
4. 뽑은 카드와 같은 숫자의 카드가 있으면 묶어서 버린다.
5. 카드를 모두 버리면 게임에서 탈출한다.
6. 마지막에 조커 카드를 들고 있는 사람이 도둑이 된다.

◕ 수업 적용 방법

1. 빈 카드로 두 장의 세트 카드 24쌍, 총 48장의 놀이카드를 만든다.
2. 임의의 카드 한 장을 바닥에 버리고 조커 카드 한 장을 넣는다.
3. 카드를 잘 섞어 똑같이 나눈다.
4. 받은 카드에서 매칭이 되는 카드 2장이 있으면 바닥에 버린다.

◑ 수업 뒷이야기

1. 여러 교과의 카드를 섞어 사용하면 직관적 분류가 쉬워 놀이하기

에 좋다.

2. 같은 그림 찾기, 할리갈리, 말판 놀이 등에서 제작한 카드를 활용한다.
3. 국어 교과는 단어와 뜻, 관용표현에 사용되는 단어를 세트로 엮는다.
4. 영어 교과는 단어와 뜻, 단어와 그림으로 세트를 엮는다.
5. 수학 교과는 공식 또는 문제와 답으로 세트를 엮는다.
6. 수학 교과의 (분수)÷(자연수), (분수)÷(분수), 각기둥과 전개도 등으로 세트를 엮을 수도 있다.
7. 역사 단원은 사건과 연도, 사건과 이미지를 세트로 엮는다.

〈속담 카드 예시〉

새	쥐	가는 말	오는 말	콩	팥
미운 놈	떡	바늘	실	티끌	태산
가랑비	옷	가는 날	장날	가재	게
개천	용	개똥	약	우물	개구리
계란	바위	구더기	장	굿	떡
까마귀	배	꿀	벙어리	천릿길	한 걸음
코	석 자	닭	지붕	독	쥐
마른하늘	날벼락	송아지	엉덩이	번갯불	콩
믿는 도끼	발등	도둑	소	벼룩	간

◔ 활동 유의사항

1. 참가하는 사람의 수에 맞춰서 사용할 카드의 수를 계산한다.
2. 처음 놀이를 할 때는 가급적 카드의 수를 적게 한다.

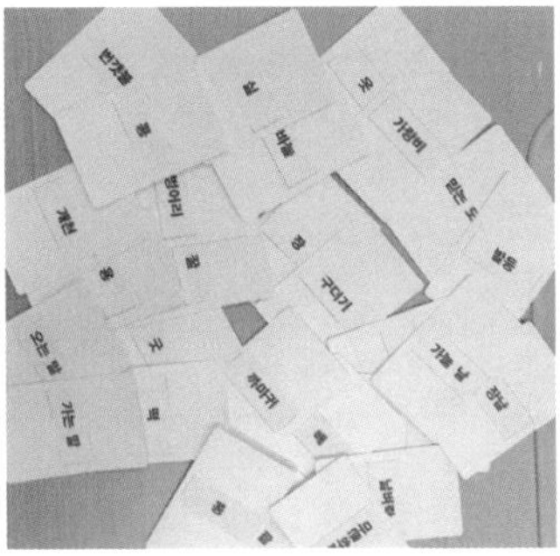

속담 모으기

분수 나눗셈 ↔ 분수 곱셈

〈역사 카드 예시〉

신석기	빗살무늬 토기	민화	서민 문화	1919	임시 정부	홍범도	봉오동 전투
삼국 유사	일연	고구려 전성기	5세기	백제 전성기	4세기	신라 전성기	6세기
청동기	고인돌	고조선	8조법	진흥왕	순수비	서희	강동 6주
근초 고왕	칠지도	왕건	고려 건국	견훤	후백제	만부교 사건	낙타
영조	탕평책	정조	수원 화성	윤봉길	홍커우 공원	김좌진	청산리 대첩
이순신	거북선	김정호	대동여 지도	갑신 정변	삼일 천하	일본	강화도 조약
흥선 대원군	쇄국 정책	정약용	목민 심서	동학 농민운동	전봉준	아관 파천	러시아
세종 대왕	훈민 정음	신진 사대부	조선 건국	이순신	명량 대첩	인조	삼전도 굴욕

젠가(블록 쌓기)

놀이 방법

1. 직육면체 나무 블록을 3개씩 엇갈려 쌓는다.
2. 정해진 순서에 따라 블록 하나를 빼낸다.
3. 뺀 블록은 맨 위층에 쌓는다.
4. 블록을 빼내지 못하거나 블록 탑이 무너지면 패배한다.

수업 적용 방법

1. 놀이로 직육면체의 겉넓이와 부피를 구해본다.
2. 밑면의 가로는 6cm, 세로는 2cm, 높이는 1cm라고 안내한다.
3. 가로 또는 세로의 길이는 '비와 비율'로 구하게 한다.
4. 순서에 따라 탑에서 블록 하나를 빼내어 맨 위층에 쌓는다.
5. 맨 위층에 블록을 쌓을 때는 블록 3개를 놓을 수 있게 놓는다.
6. 같은 방향으로 블록 3개가 놓인 후에 다음 층에 블록을 놓을 수 있다.
7. 블록을 놓은 사람은 먼저 모양이 변한 블록 탑의 겉넓이와 부피를 말한 후에 놓는다.
8. 맨 위층에 쌓는 블록은 같은 방향으로 3개가 다 놓여야 한다.
9. 블록 탑의 부피는 모양이 바뀌어도 변하지 않는다.
10. 블록 탑의 겉넓이는 블록을 빼는 위치와 놓는 위치에 따라 달라진다.
11. 블록 탑의 처음 부피와 겉넓이를 함께 구한 후 놀이를 한다.

◑ 수업 뒷이야기

1. 쌓기나무로 직육면체의 겉넓이와 부피를 구하는 활동을 한다.
2. 쌓기나무 블록의 길이는 2cm를 추천한다.
3. 1cm는 너무 작고 2cm 이상의 블록은 활용성이 떨어진다.
4. 정육면체 블록을 단위 넓이라고 약속한다.
5. 블록은 개인당 30개 내외로 똑같이 나눠 준다.
6. 1층은 직육면체 모양으로 블록을 놓고 다음 층부터는 자유롭게 블록을 쌓는다.

7. 블록 탑을 완성했으면 '자리 옮겨 앉기' 놀이를 한다.
8. 교사의 신호에 따라 자리를 옮겨 앉는다.
9. 같은 자리는 몇 번을 앉아도 1점이기 때문에 앉지 않았던 자리를 찾아 앉아야 한다.
10. 자리에 앉으면 만들어진 블록 탑의 겉넓이와 부피를 제한 시간 안에 구한다.
11. 제한 시간이 지나면 다시 자리를 옮겨 같은 활동을 반복한다.
12. 놀이가 끝나면 내가 만든 블록 탑의 겉넓이와 부피를 말한다.
13. 구한 겉넓이와 부피가 맞으면 각각 1점씩 얻는다.
14. 옮겨 앉은 자리의 수를 더해 최종 점수를 구한다.

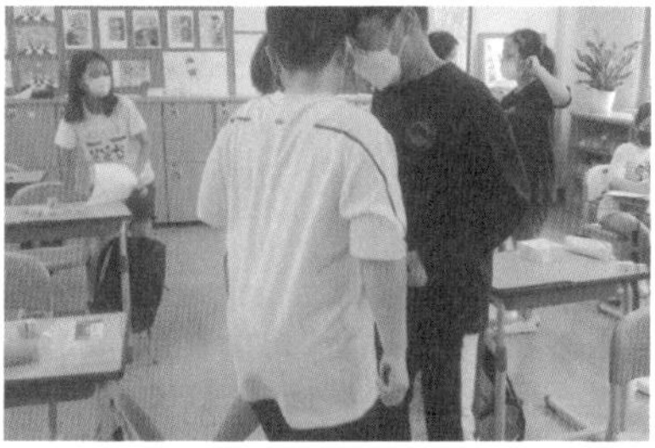

◔ 활동 유의사항

1. 1층은 반드시 직육면체로 만들어 층별 최대 블록 수를 제한해 준다.
2. 부피는 층별 블록의 개수를 세 더한다.
3. 겉넓이는 상·하·좌·우·앞·뒤 여섯 방향에서 정면을 바라봤을 때, 보이는 면의 개수를 세 더한다.

표현력을 길러주는 놀이 수업

몸으로 말해요

놀이 방법

1. 제시된 단어를 동작만으로 설명한다.
2. 어려운 단어는 '패스'할 수 있다.
3. '패스' 기회는 팀당 3회로 제한한다.

수업 적용 방법

1. 학습한 내용 중에서 동작으로 설명 가능한 단어를 선별한다.
2. 모둠별로 출제 범위를 정한다.
3. 선별한 단어를 쪽지에 적고 같은 단어는 2번까지 적을 수 있다.
4. 놀이가 시작되면 모둠에서 한 사람씩 돌아가며 쪽지를 뽑는다.
5. 쪽지를 뽑은 사람은 동작만으로 단어를 설명한다.

수업 뒷이야기

1. 이야기의 중심 사건이나 인상적인 장면을 적는다.
2. 다양한 장면이 나올 수 있게 모둠별로 출제 범위를 정한다.

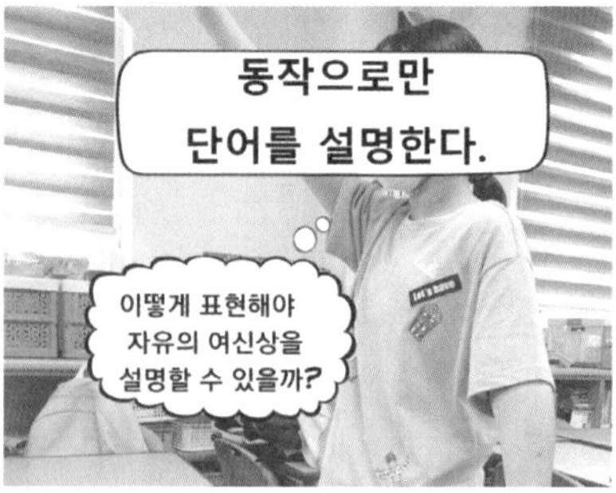

3. 모둠별로 두 명의 연기자를 선발해 문제를 설명한다.
4. 두 명씩 돌아가며 설명과 답을 할 수도 있다.
5. 책의 삽화를 활용하면 더 원활히 놀이가 진행된다.

◔ 활동 유의사항

1. 장면 맞히기 활동은 연기자가 두 명일 때 설명이 원활하다.
2. 표현에 어색해 하는 아이들도 자연스럽게 놀이에 참여한다.
3. 동작을 사용한 설명은 즉흥성과 표현력뿐 아니라 협응력과 의사소통 능력을 신장시켜준다.

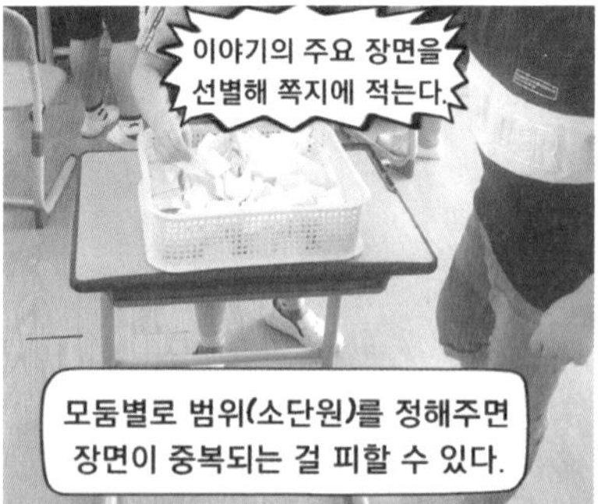

거울 놀이

놀이 방법

1. 2인 1조로 거울을 보는 사람과 거울을 정한다.
2. 거울은 사람이 하는 표정과 행동을 그대로 따라 한다.
3. 활동 초기에는 작은 동작과 표정을 따라 하게 한다.
4. 활동이 진행되면 몸 전체를 사용해 따라 하게 한다.
5. 거울을 보는 사람은 함께 즐거운 활동이 되도록 동작한다.

수업 적용 방법

1. 4학년 과학 '그림자와 거울' 단원의 동기유발 활동을 한다.
2. 놀이 활동을 거울에 비친 물체의 모습은 원래의 물체와 좌우가 바뀌어 보인다는 내용과 연계한다.
3. 6학년 '빛과 렌즈' 단원의 내용과 거울 놀이를 연결해 학습한다.
4. 오목 렌즈는 동작이나 표정을 축소해 따라 한다.
5. 볼록 렌즈는 동작이나 표정을 과장해 따라 한다.

일으켜 세워

● 놀이 방법

1. 술래 한 명은 교실 중앙에 놓인 의자에 앉는다.
2. 연기자는 술래를 일으켜 세울 수 있는 상황을 생각하고 그에 맞는 연기와 대사를 한다.
3. 논리적인 상황을 제시해 술래를 일어나게 하면 성공, 그렇지 못하면 실패가 된다.
4. 술래는 일반적으로 일어나야 할 상황이 제시되면 억지를 부리지 않고 자리에서 일어선다.

◕ 수업 적용 방법

1. 활동에 익숙해지면 특정 시기나 장소를 설정하거나 술래를 특정 인물로 정해 놀이한다.
2. 신석기, 삼국 시대, 고려 시대 등의 역사 시대를 제시한다.
3. 장소는 화장실, 버스, 영화관, 신석기 시대의 움막, 조선 시대의 궁궐 등의 장소를 제시한다.
4. 인물은 역사 인물, 장사꾼, 회장, 연예인, 가족, 유치원생, 의사, 선생님 등을 제시한다.

◑ 수업 뒷이야기

1. 주장하는 글쓰기의 동기유발 활동으로 사용한다.
2. 근거가 설득력이 있어야 사람을 일으켜 세우듯 타당한 근거를 바탕으로 글을 써야 읽는 사람을 설득할 수 있다고 안내한다.

◔ 활동 유의사항

1. 술래도 논리적인 근거로 자리를 지킬 수 있다.
2. 연기자가 영화관에서 자리에 잘못 앉았다는 상황을 제시하면 술래는 "제가 표 좀 볼 수 있을까요? <배트맨> 상영관은 6관이에요. 여기는 5관이고요."라는 말로 자리를 지킬 수 있다.
3. 두 연기자의 논리가 모두 그럴듯한 상황이라면 학급 엄지투표로 결과를 가린다.
4. 양쪽으로 팽팽하게 결과가 갈리면 학급 토론 활동을 한다.
5. 토론은 거창한 주제보다 실생활과 관련된 주제일수록 더 활발히 이루어진다.

오버 왕

● 놀이 방법

1. 진행자는 원 모양으로 서 있는 사람 중 한 명을 지목하며 특정한 상황을 제시한다.
2. 지목된 사람은 자리에 앉고 양옆 두 사람은 서로를 마주 본다.
3. 두 사람은 제시된 상황을 과장해 연기한다.

〈제시될 수 있는 상황의 예〉

- 시험에서 백 점을 받았다.
- 가족과 하와이로 여행을 가기로 했다.
- 설날 용돈으로 100만 원을 받았다.
- 엄마가 아끼는 무선 청소기를 망가뜨렸다.
- 좋아하는 친구에게 고백했다 거절당했다.
- 아침에 일어났는데, 학교 가기 너무 싫다.
- 아무 잘못 없이 선생님한테 혼이 났다.

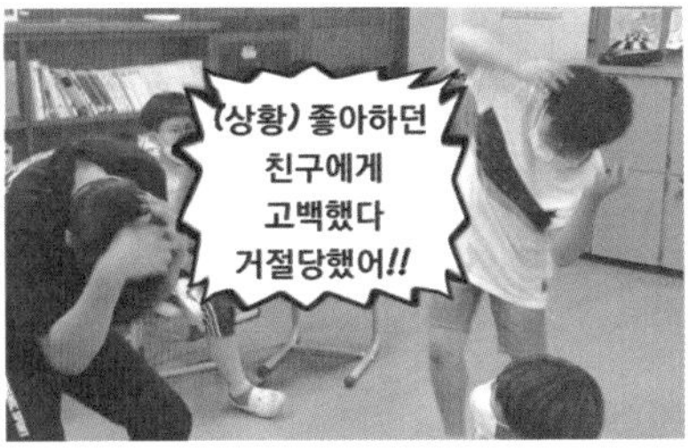

◑ 수업 적용 방법

1. 역사의 사건이나 이야기의 사건을 상황으로 제시한다.
2. 제시된 상황에서 내가 그 인물이라면, 내가 그 상황에 있다면 어떤

말과 행동을 했을지 생각해 연기한다.

3. 연기는 최대한 과장되지만 상황에 맞는 감정으로 연기한다.

◑ 수업 뒷이야기

1. '추론능력'을 성취기준에 포함하는 교과 단원에 사용한다.
2. 배경지식을 활용해야 하는 상황을 구체적으로 제시한다.
3. 신석기 시대의 사냥꾼, 조선 시대의 내시, 원나라 환관이 되어 돌아온 고려인 등을 제시한다.
4. 관용표현 단원에서 속담을 활용한 상황을 제시하기도 한다.
5. 나무에서 떨어진 원숭이, 구르는 재주가 없는 굼벵이, 발에 밟힌 지렁이, 나만 짝이 없는 짚신, 사공이 많은 배 등을 제시한다.
6. 관용표현을 상황으로 제시하면 다양하고 창의적인 모습을 많이 볼 수 있다.

◔ 활동 유의사항

1. 연기할 때 상대방의 눈을 끝까지 피하지 않아야 한다.
2. 웃거나 연기를 멈추면 그 즉시 패하게 된다.
3. 패한 친구는 그 자리에 앉아 남은 경기를 관전한다.

달라진 모습 찾기

● 놀이 방법

1. 교실 물건의 배치나 위치를 바꾸고 달라진 부분을 찾게 한다.
2. 팀으로 나눠 교실의 모습을 바꾸게 하고 달라진 곳을 찾게 한다.
3. 교실의 모습을 바꾸는 동안 다른 팀은 밖에서 대기한다.

4. 달라진 곳은 10곳 정도로 한다.
5. 최소 성공기준을 7곳으로 한다.
6. 상대 팀에서 최소 성공기준을 못 넘기면 그 개수만큼 기본 점수에서 차감됨을 활동 전에 안내한다.
7. 달라진 곳을 찾으면 찾은 개수만큼 점수를 얻게 된다.
8. 최종 승패는 수비 점수와 공격 점수를 합쳐 가린다.

◑ 수업 적용 방법

1. 인상적인 장면으로 모둠 정지 장면 만들기를 한다.
2. 같은 장면으로 2개의 정지 장면을 만든다.
3. 두 번째 장면은 첫 번째 장면에서 표정이나 동작, 위치, 소품 등을

다르게 연기한다.

4. 다른 모둠은 연기자 모둠의 두 장면을 차례로 관찰하고 달라진 부분을 활동지에 적는다.

5. 달라진 부분은 최대 5개 정도로 제한한다.
6. 달라진 부분은 유심히 관찰하면 찾을 정도의 난이도로 한다.
7. 교사는 판정 요청에 대비해 놀이 과정을 영상으로 찍어둔다.
8. 영상에서 쉽게 판독되지 않으면 연기한 모둠을 감점한다.
9. 놀이와 판독을 몇 번 반복하면 정지 장면을 만들 때 동작이나 표정에 신경을 쓰며 연기한다.

황홀한 입장

● 놀이 방법

1. 올림픽 등과 같은 성대한 행사의 시작처럼 박수와 환호를 보내는 놀이이다.
2. 환호와 박수를 받는 대상은 환호와 박수를 유도할 수 있다.
3. 사전에 박수와 환호를 연습하고 놀이한다.

◑ 수업 적용 방법

1. '빈 의자 활동'에서 가상의 인물에게 환호와 박수를 보낸다.
2. 보이지 않는 대상을 향한 환호와 박수는 상황에 더 몰입할 수 있게 한다.
3. '핫시팅 활동'에서 인물 연기자에게 환호와 박수를 보낸다.
4. 격려를 받은 연기자는 더 진지하게 활동에 참여한다.

택배 왔어요

놀이 방법

1. 원 모양으로 둥글게 둘러앉는다.
2. 상자가 전달되면 모두 "택배 왔어요."라고 외친다.
3. 상자를 받은 사람은 상자에서 물건을 꺼내는 연기를 한다.
4. 꺼내는 물건은 자신의 상상으로 결정된다.
5. 크기와 형태는 상관이 없고, 생물이어도 된다.
6. 답은 누구나 말할 수 있고 답이 나오면 상자를 옆으로 전달한다.

수업 적용 방법

1. 상자에서 인물을 꺼낸다.
2. 인물은 역사적 인물, 작품의 인물, 반 친구, 영화나 드라마 속 인물, 연예인, 동물 등으로 범위를 제한하지 않는다.
3. 인물의 특징을 생각하며 연기한다.
4. 설명이 어려운 경우는 의성어 등의 소리를 사용할 수 있다.
5. 상자 안에 인물이 적힌 카드(쪽지)를 넣어 비상시 사용한다.

무궁화 꽃이 피었습니다

● 놀이 방법

1. 술래는 벽을 보고 '무궁화 꽃이 피었습니다'를 외친다.
2. 나머지 사람들은 술래에게 조금씩 다가간다.
3. 술래는 말을 마치고 나면 재빨리 뒤를 돌아보며 움직이는 사람을 찾는다.
4. 움직였던 사람은 술래의 새끼손가락을 걸고 선다.
5. 술래에게 다가간 사람은 맨 처음 잡힌 사람이 술래와 걸고 있는 새끼손가락을 손바닥으로 끊는다.
6. 술래가 아닌 사람들은 재빠르게 출발선 안으로 도망간다.
7. 술래는 출발선 밖에서 사람을 잡아야 한다.
8. 술래에게 잡힌 사람은 다음 술래가 된다.

◕ 수업 적용 방법

1. 무궁화 꽃과 함께 다양한 '동작(연기) 꽃'을 넣어 놀이한다.
2. '동작(연기) 꽃'이 피면 제시된 단어에 맞는 동작을 연기한다.

◑ 수업 뒷이야기 하나

1. 이야기의 주요 사건이나 인상적인 장면을 쪽지에 적는다.
2. 술래는 쪽지에 적힌 사건이나 장면을 무궁화 꽃과 한 번씩 번갈아 피운다.
3. 술래가 아닌 사람은 제시된 장면에 등장하는 인물이나 배경을 연기한다.

◑ 수업 뒷이야기 둘

1. 사회 교과는 역사의 특정 인물이나 시대의 특정 계층을 '○○ 꽃'으로 말한다.
2. 6학년은 경제 활동과 관련해 직업군의 인물을 무궁화 꽃과 번갈아 피운다.

◑ 수업 뒷이야기 셋

1. 교실 체육으로 기초 체력을 기르는 주제 활동에 활용한다.
2. 비대면 놀이는 의자를 책상에 넣고 내 자리에서 한다.
3. 술래가 무궁화 꽃을 피우는 동안, 나머지 사람은 약속된 체력 활동을 한다.
4. 체력 활동은 제자리 뛰기, 스쿼트, 탁구공 튀기기, 제기 차기 등으로 한다.
5. 약속한 횟수를 마친 사람은 술래에게 다가가 등을 터치한다.
6. 등을 터치한 사람은 다음 술래가 된다.

표현 특공대

● 놀이 방법

1. 모둠 놀이 활동으로, 일정한 간격으로 앞 사람 등을 보고 선다.
2. 첫 번째 사람은 제시된 단어를 동작만으로 설명한다.
3. 두 번째 사람은 동작과 의성어로 단어를 설명한다.
4. 세 번째 사람은 말과 동작을 사용해 단어를 설명한다.
5. 설명 중에 제시된 단어가 나오면 실패로 처리한다.

◐ 수업 적용 방법

1. 다른 놀이에서 사용한 카드나 단어 쪽지로 놀이한다.
2. 관용표현이나 속담을 배우는 단원의 정리 활동으로 놀이한다.
3. 교과 주제와 학생들이 좋아하는 주제를 반반씩 섞어 놀이한다.

동작 일심동체

놀이 방법

1. 제시된 단어를 동작으로 표현한다.
2. 모두가 같은 동작이면 성공이 된다.
3. 한 명이라도 다른 동작이면 실패가 된다.

수업 적용 방법

1. 이야기의 주요 장면에 등장하는 인물을 구체적으로 제시한다.
2. '정지 장면 만들기'에서 만들어봤던 사건을 특정 인물과 함께 제시한다.
3. 사회 교과는 역사 속 인물의 특정 사건을 구체적으로 제시한다.
4. 인물이 그 상황에서 했을 것 같은 동작을 상상해 연기한다.
5. 영어 교과는 동작으로 표현하기 쉬운 단어를 제시한다.

어휘력을 길러주는 놀이 수업

릴레이 박수

놀이 방법

1. 일정하게 박자를 유지하면서 릴레이로 박수를 친다.
2. 끝까지 박수 전달에 성공하면 횟수를 늘려 놀이한다.
3. 학급 단체 경기로 시간 단축 방식으로 운영한다.

수업 적용 방법

1. 박수 대신 단어로 릴레이 말하기 놀이를 한다.
2. 단어가 자연스럽게 연결되도록 박자에 유의하며 놀이한다.
3. 단어에 어울리는 동작을 추가하면 학습 효과가 높아진다.

왕밤빵 놀이

● 놀이 방법

1. 발음하기 어려운 단어를 5번 연속 정확하게 발음하면 성공이 된다.
2. 제한 시간 안에 팀 전원이 하면 성공한 시간을 측정한다.

◑ 수업 적용 방법

1. 발음하기 어려운 단어와 학습용 단어를 적절히 섞는다.
2. 단어는 여러 교과의 단어를 섞어 놀이한다.
3. 영어 단어는 시작 전에 어떻게 발음할지 정한다.
4. 교과 단어는 마지막 학생이 뜻을 설명해야 한다.
5. 단어가 선택되면 상의나 연습 시간 없이 바로 시작한다.

이구동성

● 놀이 방법

1. 네 글자 낱말을 네 사람이 한 글자씩 나누고 진행자의 신호에 맞춰 자신의 글자를 큰 소리를 말한다.
2. 상대 팀에서 말한 소리를 듣고 어떤 낱말인지 알아맞힌다.

쪽지에 적힌 단어를 보고 신호에 맞춰 한 글자씩 크게 외친다.

두세 글자 단어인 경우, 마지막 친구는 입만 크게 뻥긋한다.

수비팀은 소리를 듣고 어떤 단어인지 알아맞힌다.

공격과 수비를 교대로 진행해, 먼저 단어를 맞힌 팀이 이긴다.

◕ 수업 적용 방법

1. 어휘 학습이 필요한 국어, 영어, 사회, 과학 교과에서 사용한다.
2. 중요한 단어를 여러 번 말하고, 집중해서 듣다 보면 자연스럽게 암기가 되고 습득이 된다.
3. 사용할 단어를 선별할 때, 글자 수에 구애받지 않는다.
4. 글자 수의 차이는 놀이의 운과 재미 요소를 더해준다.
5. 단어의 뜻을 설명하면 추가 점수를 준다.
6. 단어의 뜻을 설명하지 못하면 다른 팀에게 설명의 기회를 준다.
7. 아무도 뜻을 모르는 경우에는 책에서 가장 빨리 뜻을 찾는 사람에게 점수를 준다.

단어를 맞혀도 의미를 모르면 상대팀에게 설명의 기회가 넘어간다.

책 검색 기회를 제공해 단어의 뜻을 찾아볼 수 있게 한다.

◑ 활동 유의사항

1. 놀이는 상황에 따라 토너먼트, 리그전으로 운영한다.
2. 특정 교과의 단어보다는 여러 교과의 단어를 섞어 놀이한다.
3. 단어가 적힌 쪽지를 누적해 사용해야 반복 학습의 효과가 크다.

아이 앰 그라운드

놀이 방법

1. 놀이에 사용할 별칭을 정한다.
2. 공격자는 '셋'에는 수비자의 별칭, '넷'에는 횟수를 외친다.
3. 수비자는 불린 횟수만큼 박자에 맞춰 별칭을 외친다.
4. 수비에 성공했으면 같은 방법으로 다른 사람을 공격한다.

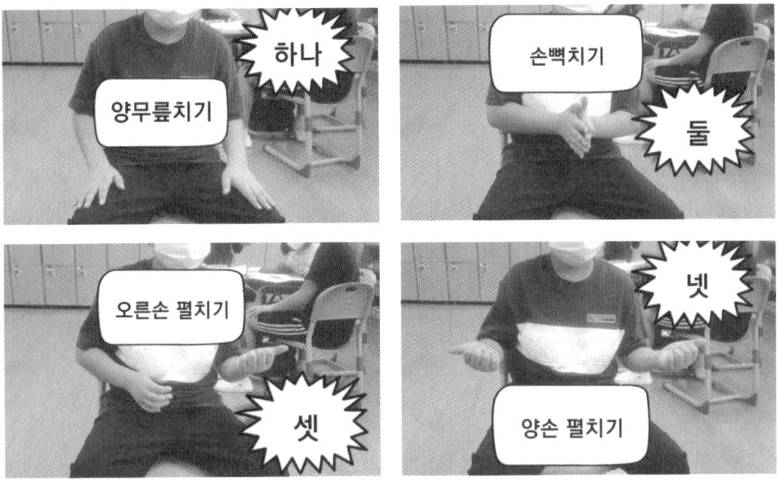

5. 공격과 수비의 박자가 일정하게 유지되도록 유의한다.
6. 놀이에 익숙해지면 '이중 아이 앰 그라운드' 놀이를 한다.
7. 놀이 방법은 첫 공격수는 박자에 맞춰 "아(1박) 싸(2박) 너(3박) 너(4박)"라고 말하면서 손가락으로 두 사람을 공격한다.
8. 공격을 받은 두 사람은 박자에 맞춰 수비와 공격을 한다.
9. 공격과 수비는 항상 2명이 되어야 하고 공격과 수비가 동시에 이

루어질 수 있도록 일정하게 박자를 유지한다.

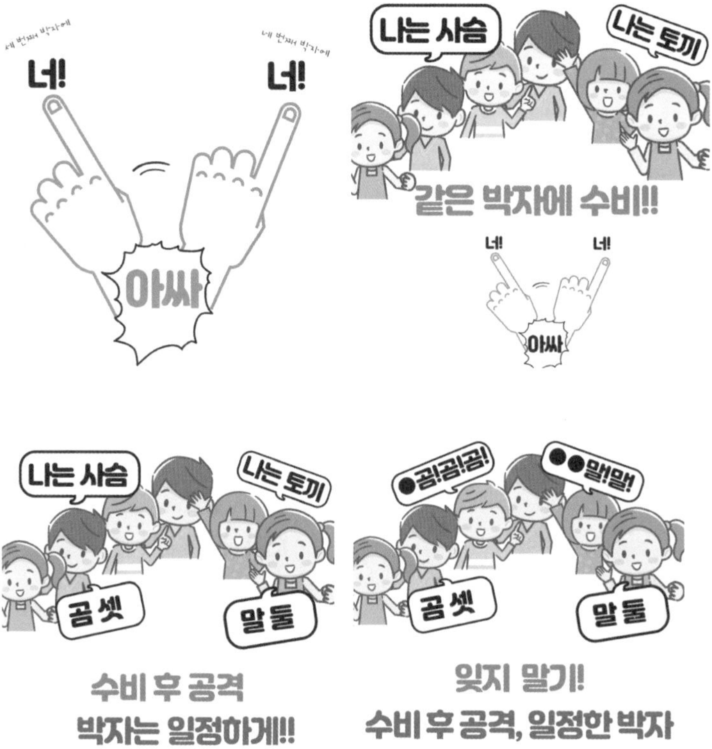

10. 놀이에 익숙해질 때까지 공격 횟수는 한 번으로 한다.

11. 놀이에 익숙해지면 공격 횟수를 하나씩 늘려간다.

◕ 수업 적용 방법

1. 교과 단어를 별칭으로 사용한다.

2. 단어 선택이 끝나면 반드시 별칭을 칠판에 적어둔다.

3. 칠판에 적어두지 않으면 놀이가 진행되기 어렵다.

4. 놀이에 익숙해지기 전까지 공격 횟수를 제한하거나 공격 대상을 정해놓고 하는 것도 좋다.

◑ 수업 뒷이야기

1. 2~3글자의 단어가 적힌 쪽지를 뽑아 별칭으로 사용한다.
2. 모둠 놀이로 할 때는 공격하는 사람을 따로 뽑는다.
3. 공격하는 사람은 공격만 하고 나머지는 수비만 한다.
4. 영어 단어로 놀이할 때는 공격은 뜻(한글)으로 하고 수비는 영어로

말한다.

5. 놀이에 동작이 추가되면 공격 횟수를 정해놓고 놀이하는 게 좋다.

◔ 활동 유의사항

1. 공격 횟수는 융통성 있게 조정한다.
2. 놀이가 오래 진행될수록 단어를 말하고 듣는 기회가 많아진다.
3. 중학년은 개인보다는 모둠 형태로 놀이한다.
4. 모둠 놀이에서 공격하는 사람을 언제든 바꿀 수 있다.
5. 놀이에 추가할 동작은 단어와 관련되어야 하고 쉽게 따라 할 수 있어야 한다.
6. 놀이에서 가장 중요한 성공 요소는 일정한 속도 유지이다.

시장 놀이

● 놀이 방법

1. 시장에서 구할 수 있는 물건을 생각한다.
2. 순서가 되면 앞 사람들이 말했던 물건과 내가 생각한 물건을 연달아 말한다.
3. 나온 물건이나 장소에 어울리지 않는 물건을 말하면 탈락한다.

◕ 수업 적용 방법

1. 단원을 주제어로 제시한다.
2. 놀이 전 학습 내용을 정리할 시간을 준다.
3. 놀이에서 탈락한 사람들은 관련 없는 단어를 말한 참여자를 찾으면 다시 게임에 참여할 수 있다.
4. 탈락자는 자유롭게 책을 사용할 수 있다.

◑ 수업 뒷이야기

1. 답이 없는 단어를 제시어로 주고 떠오르는 생각을 말하게 한다.
2. 이전 친구가 말한 단어는 반복해서 말하지 않고 내가 생각한 단어만 말한다.
3. 어떤 단어를 말하든 멈추지 않고 놀이를 진행한다.
4. 탈락한 사람은 앞에서 나온 단어와 주제의 관련성을 묻는다.
5. 주제와 관련한 이유를 말하지 못하면 그 사람이 탈락이 된다.
6. 놀이에서 나온 단어(소재)를 모아 글쓰기 활동을 한다.

글자 모아 단어

놀이 방법

1. 글자 하나가 적힌 쪽지를 바구니에 넣는다.
2. 각 모둠의 1번부터 차례로 쪽지 한 장을 가져온다.
3. 마지막(4번)까지 쪽지를 가져와 단어를 조합한다.
4. 단어를 완성한 쪽지는 한 곳에 모아둔다.
5. 단어가 조합이 안 되면 버릴 쪽지 한 장을 선택한다.
6. 버릴 쪽지가 정해지면 역순으로 쪽지를 버리고 새로운 쪽지 한 장을 가져온다.
7. 단어를 완성했으면 사용된 수만큼의 쪽지를 바구니에서 가져온다.
8. 글자 조합은 4장이 된 상태에서만 한다.

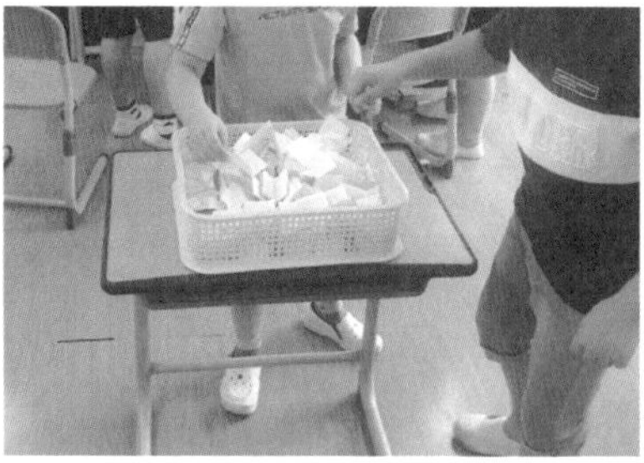

9. 놀이가 끝나면 단어의 글자 수에 따라 점수를 매긴다.
10. 두 글자 단어는 1점, 세 글자 단어는 4점, 4글자 단어는 7점을 준다.
11. 단어 하나로 결과가 달라져야 여러 글자의 단어를 만들려고 한다.

◕ 수업 적용 방법

1. 단원 학습 내용과 관련된 글자를 쪽지에 적는다.
2. 중복되는 글자를 최대한 줄이기 위해 모둠의 범위를 정해준다.

◑ 수업 뒷이야기

1. 수학 풀이 과정이나 공식을 4단계로 나눠 놀이한다.
2. 수학 4단계 활동은 모으기 힘들어 쪽지의 개수를 제한한다.
3. 영어 교과는 알파벳을 모아 단어를 만드는 방식과 단어, 뜻, 이미지를 모으는 방식 두 가지가 있다.
4. 알파벳을 모아 단어를 만들 때는 한 번에 쪽지 2장을 가져온다.
5. 버릴 때도 2장을 버리고 2장의 쪽지를 가져온다.

$3 \div 4$	$3 \times \frac{1}{4}$	$\frac{3}{4}$	$\frac{6}{8}$
$3 \div 2$	$3 \times \frac{1}{2}$	$\frac{3}{2}$	$1\frac{1}{2}$
가로	사각형 넓이	×	세로
Apple	사과		
Student	학생		

단어 로또

수업 방법

1. 차시 또는 단원의 핵심 단어 10개를 칠판에 적는다.
2. 10개의 단어 중에서 5개를 임의로 선택해 '단어 로또' 용지에 적는다.
3. 칠판에 적힌 단어가 적힌 10개의 쪽지를 바구니에 넣어 학생에게 뽑게 한다.
4. 불린 단어가 순서에 맞게 적혀 있으면 10점을 얻는다.
5. 단어가 적혀 있지만 적힌 순서가 다르면 5점을 얻는다.

활동 유의사항

1. 쪽지를 뽑기 전 어떤 단어가 나오면 좋겠는지를 말하게 한다.
2. 단어를 뽑고 발표하는 기회를 아이들에게 준다.

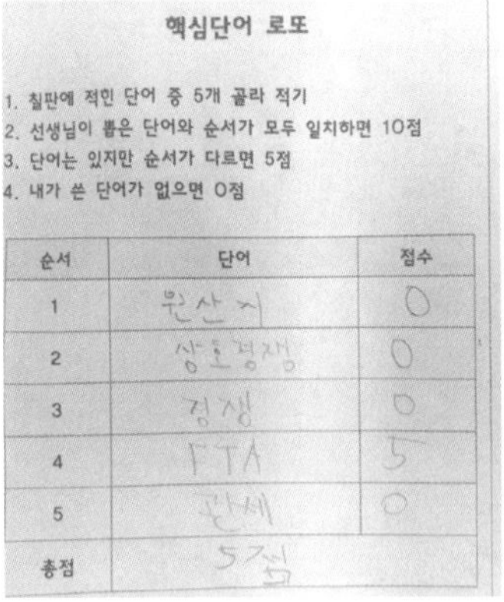

핵심단어 로또

1. 칠판에 적힌 단어 중 5개 골라 적기
2. 선생님이 뽑은 단어와 순서가 모두 일치하면 10점
3. 단어는 있지만 순서가 다르면 5점
4. 내가 쓴 단어가 없으면 0점

순서	단어	점수
1	원산지	0
2	상호경쟁	0
3	경쟁	0
4	FTA	5
5	관세	0
총점	5점	

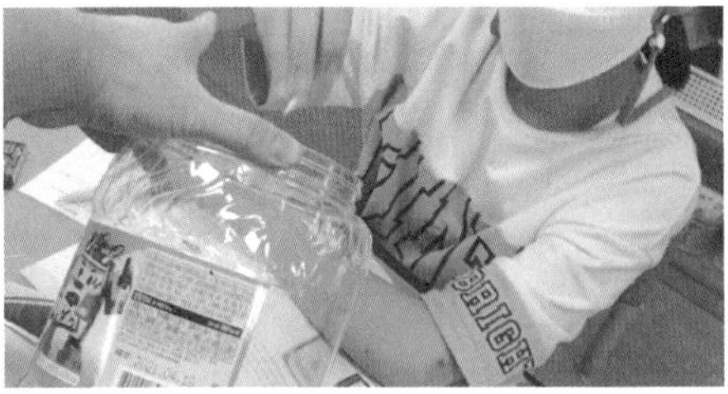

가위바위보 카드 뺏기

놀이 방법

1. 빈 카드에 1에서 5까지 적는다.
2. 숫자가 보이지 않게 뒤집은 상태로 카드를 들고 돌아다니며 친구를 만나 가위바위보를 한다.
3. 이긴 사람은 내 카드 1장과 친구의 카드 1장을 바꾼다.
4. 세 판을 연속해서 이기면 친구 카드의 숫자를 보면서 바꾼다.
5. 놀이가 끝나면 가지고 있는 카드의 숫자를 더해 순위를 정한다.

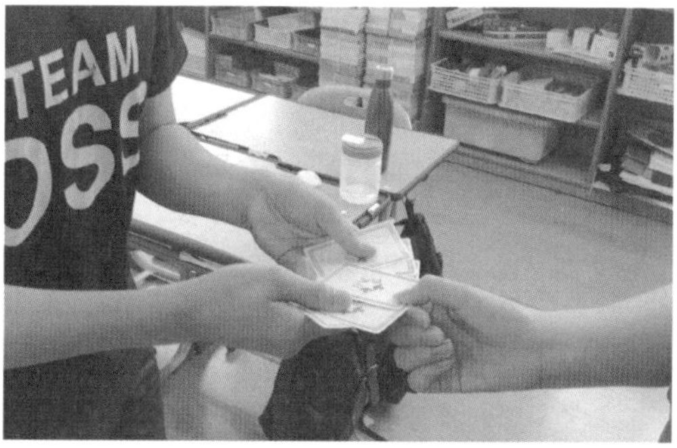

수업 적용 방법

1. 교과 단어가 적힌 쪽지를 임의로 나눠 준다.
2. 가위바위보를 해서 내 쪽지와 친구의 쪽지를 한 장 바꾼다.
3. 놀이가 끝나면 설명 가능한 단어의 수만큼 점수를 얻게 된다.

책상 볼링

● 놀이 방법

1. 한 방향에 4개의 책상을 + 모양으로 배치한다.
2. 모둠 대표 선수는 골대와 반대 방향에 놓인 의자에 앉는다.
3. 신호에 맞춰 의자에서 일어선 후 몸을 돌려 공을 굴린다.
4. 가장 먼저 골대에 공을 넣으면 점수를 얻는다.
5. 공은 몸을 완벽히 일으켜 세운 후 굴리도록 한다.
6. 규칙을 어기면 노골 처리한다.

◕ 수업 적용 방법

1. 공을 굴려 골대에 공을 넣은 순서대로 바구니에서 4개, 3개, 2개, 1개의 쪽지를 가져온다.

2. 쪽지 한 개는 1점이 되고 적힌 문제를 해결하면 한 문제에 1점을 추가로 얻게 된다.
3. 단어는 뜻을, 문제는 답을 활동지에 적는다.
4. 문제 해결은 반드시 공을 굴린 사람이 해결하도록 한다.
5. 꽝 또는 -1점이 적힌 쪽지를 섞어 놀이하면 재미가 늘어난다.

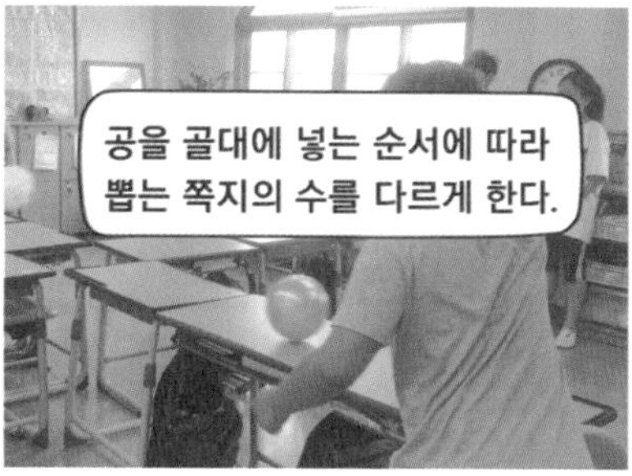

◑ 활동 유의사항

1. 공을 굴리는 선수는 반드시 신호 전까지 공을 던지는 반대 방향으로 앉아 있어야 한다.
2. 공을 먼저 굴리면 유리하기 때문에 규칙이 중요하다.

책상 농구

● 놀이 방법

1. 공을 굴리는 대신 탱탱볼을 머리 위로 던져 빈 구멍에 넣는다.
2. 골대에 공을 넣기가 쉽지 않기 때문에 책상 대형을 3×4로 배치해 거리를 줄여준다.
3. 골을 넣는 순서에 따라 4점, 3점, 2점 1점이 된다.
4. 점수를 두 배로 얻을 수 있는 곱하기 판을 진행한다.

◑ 수업 적용 방법

1. 순위에 따라 문제의 선택권을 준다.
2. 점수나 얻는 문제의 개수에 차이를 두면 역전 가능성이 작아 뒤로 갈수록 흥미가 떨어진다.
3. 점수가 아닌 시간을 적립할 수도 있다.
4. 적립한 시간은 다른 놀이 활동의 제한 시간을 늘리는 데 사용한다.

내 자리를 찾아라

놀이 방법

1. 원 모양으로 의자를 배치하고 무작위로 앉는다.
2. 의자의 순서(번호)를 알려준다.
3. 의자를 바꿔 앉게 하는 기준(생년월일, 신발 사이즈 등)을 제시한다.
4. 알고 있는 정보를 떠올려 기준에 맞게 자리를 옮겨 앉는다.
5. 자리를 옮겨 앉았으면 기준에 대한 각자의 정보를 말한다.
6. 말하기가 끝나면 상의 없이 다시 자리를 옮겨 앉는다.
7. 정해진 횟수 안에 제시된 기준에 맞게 모두가 자리를 옮겨 앉으면 성공이 된다.

수업 적용 방법

1. 쪽지에 적힌 단어를 보고 자리를 옮겨 앉는다.
2. 기준 의자(1번 의자)에 앉은 사람부터 단어를 공개한다.
3. 단어가 모두 공개되면 상의 없이 다시 자리를 옮겨 앉는다.
4. 단어 공개 3번, 자리 이동 5번 안에 모두가 제자리를 찾으면 된다.

탕수육 게임

● 놀이 방법

1. 짝 놀이 활동으로 한 사람씩 번갈아가며 한 글자씩 말한다.
2. 글자를 바로 말하지 못하거나 같은 글자를 말하면 진다.

◔ 수업 적용 방법

1. 차시 또는 단원 학습이 끝나면 핵심 단어 4개를 투표로 정한다.
2. 모둠에서 대표 한 명씩 나와 핵심 단어 하나로 놀이를 한다.
3. 시간 상황에 따라 리그전 또는 토너먼트로 운영한다.
4. 모둠 대표가 바뀔 때마다 단어를 바꿔 놀이한다.
5. 핵심 단어의 글자 수가 길거나 짧으면 수정 후 사용한다.
6. 글자 수정 작업도 학생들이 직접 하도록 한다.

병뚜껑 놀이

놀이 방법

1. 손가락으로 병뚜껑을 튕겨 경계선에 최대한 가까이 붙인다.
2. 경계선을 넘지 않고 가장 가까이 위치하게 한 사람이 승리한다.
3. 병뚜껑을 원의 중심(하우스)에 최대한 가깝게 위치시키는 컬링 규칙을 사용해도 좋다.

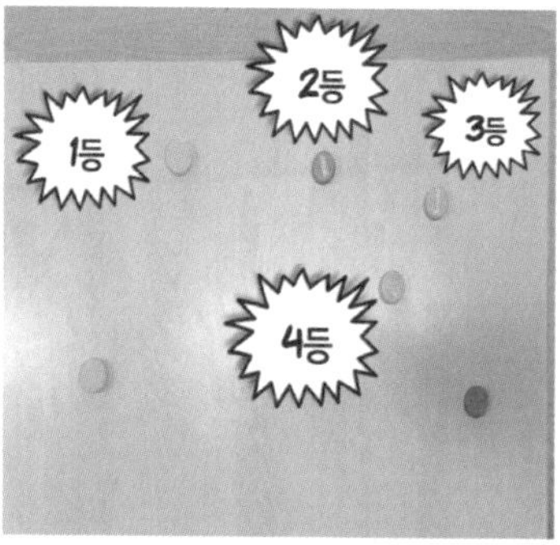

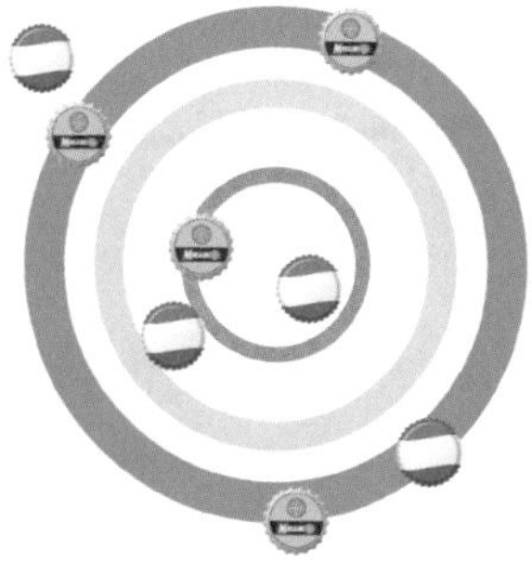

수업 적용 방법

1. ‘GO? STOP?’ 활동을 추가한다.
2. 1등부터 차례로 GO 또는 STOP을 선택한다.
3. GO를 선택하면 제시된 문제를 풀어야 한다.
4. 문제를 해결하면 획득한 점수에 ×2를 한다.
5. 문제를 해결하지 못하면 획득한 점수와 상관없이 1점만 얻게 된다.
6. STOP을 선택하면 원래 점수를 그대로 갖는다.
7. ‘GO? STOP?’ 활동은 모둠원의 점수를 모두 더해 순위를 매겨야 활발히 이루어진다.

사고력을 길러주는 놀이 수업

릴레이 그림 그리기

놀이 방법

1. 제시된 단어를 보고 차례로 한 붓 그리기를 한다.
2. 마지막 사람은 미완성된 그림을 보고 단어를 추리해 말한다.
3. 변형 놀이는 '그림 마피아' 놀이가 있다.
4. 시민은 제시된 단어에 맞게 한 붓 그리기를 한다.
5. 마피아는 제시어를 눈치껏 추론하며 한 붓 그리기를 한다.
6. 다른 세부 규칙은 '단어 마피아' 게임과 같게 진행한다.

수업 적용 방법

1. 단어와 이미지를 연결하는 사고 과정이 활동 목적이 된다.
2. 전하고 싶은 의도를 생각하며 한 붓 그리기를 하도록 한다.
3. 영어나 국어 교과의 어휘력 학습에 특히 효과적이다.
4. 그림은 특징을 잡아 최대한 간단히 그리도록 안내한다.

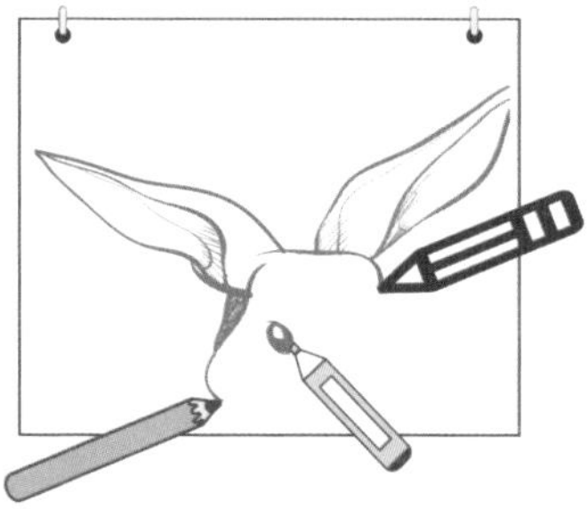

조금씩 그림을 나눠 그려
어떤 그림인지 알게 해야 함

마지막 사람은 친구들이
무엇을 그린 건지 맞힌다.

마피아 게임

● 놀이 방법

1. 마피아는 게임이 끝날 때까지 정체를 숨기고 살아남아야 한다.
2. 마피아를 제외한 시민은 마피아를 찾아야 한다.
3. 끝까지 마피아가 살아남으면 마피아가 승리, 마피아를 모두 찾아 내면 시민이 승리한다.

◕ 수업 적용 방법

1. 놀이 모둠을 5명 내외로 구성한다.
2. 놀이는 진행자 1명, 마피아 1명, 시민 3명 내외로 구성된다.
3. 진행자는 시민에게는 특정 단어가 적혀 있는 쪽지를 주고 마피아에게는 마피아라고 적혀 있는 쪽지를 준다.
4. 진행자는 제시한 단어에 대한 발언 기회를 준다.
5. 발언 기회를 줄 때 마피아가 맨 처음이 되지 않아야 한다.
6. 모두의 발언이 끝나면 제공된 쪽지에 시민은 마피아의 이름을, 마피아는 단어를 추리해 적는다.
7. 시민 모두가 마피아의 이름을 적어야 마피아를 검거할 수 있다.

〈놀이 규칙〉

가. 마피아는 시민의 이야기를 듣고 단어를 추론해야 한다.
나. 시민은 단어와 관계없는 내용을 말하는 마피아를 찾는다.
다. 단어를 직접 언급하거나 글자 수, 초성과 같은 직관적인 힌트는 제공할 수 없다.
라. 시민이 마피아 추론에 실패할 때마다 마피아에게 단어의 초성을 하나씩 준다.
마. 시민과 마피아가 동시에 맞힌 경우, 마피아가 승리한다.

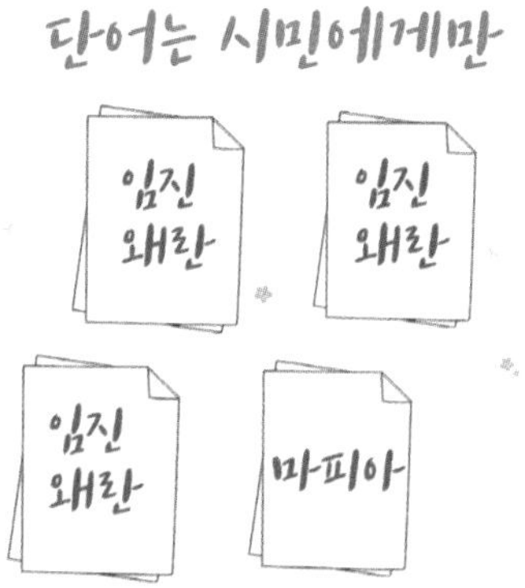

◑ 수업 뒷이야기

1. '추론 활동'과 관련된 성취기준의 교과 활동에 사용한다.
2. 마피아는 단어를 추론하기 위해 시민의 말을 잘 듣고 정보를 찾아야 한다.
3. 시민 또한 친구들이 말한 내용과 단어와의 관련성을 생각하며 비판적 듣기 활동을 한다.
4. 시민과 마피아 모두는 근거를 바탕으로 추론해야 한다.

◔ 활동 유의사항

1. 교과와 관련된 단어는 마피아에게 절대적으로 불리하다.
2. 교과목, 단원, 시대적 배경(역사) 등과 같이 적정 수준의 힌트를 주고 놀이를 시작한다.
3. 모둠 대표 한 명씩 마피아 놀이를 할 때는 반드시 상의 후 발언하도록 한다.
4. 마피아 또는 마피아 모둠의 발언 기회는 시민들이 눈치채지 못하게 중간이나 맨 뒤로 한다.
5. 교과 단어를 활용해 놀이하더라도 아이들이 좋아하는 주제의 단어와 적절히 섞어 진행한다.

아무 말 대잔치(단어)

● 놀이 방법

1. 제시된 단어가 들어가도록 이야기를 만든다.
2. 앞사람이 이야기한 내용과 연결되게 이야기를 만든다.
3. 마지막 사람까지 이야기의 내용이 연결되면 성공이 된다.
4. 활동 중에 놀이 순서를 바꿀 수 있다.
5. 순서를 바꿔 친구가 했던 내용을 그대로 말해도 좋다.

◑ 수업 적용 방법

1. 활동에서 나왔던 이야기로 초고를 작성한다.
2. 다른 모둠의 질문을 받아 내용을 수정·보완한다.
3. 놀이는 실패를 거쳐 성공하도록 한다.
4. 한 번에 성공한 내용보다 실패(수정)의 과정을 거칠수록 이야기 내용의 완성도가 높아진다.

🎲 아무 말 대잔치(그림, 초성)

● 놀이 방법

1. 그림 카드를 보고 떠오르는 단어로 이야기를 만든다.
2. 그림을 사용하면 더 재미있는 이야기가 나온다.
3. 그림 속 물체 대신 비유적 표현을 사용할 수 있다.
4. 이야기의 내용이 엉뚱하더라도 중간에 끊지 않는다.
5. 활동이 끝나면 내용을 자세히 설명하게 하면 된다.
6. 이유를 듣다 보면 엉뚱한 내용이 그럴듯하게 연결되기도 한다.

◑ 수업 적용 방법

1. 초성이 적힌 쪽지를 뽑아 초성으로 시작하는 단어를 만든다.
2. 네 개의 단어가 다 들어가게 한 문장 만들기 놀이를 한다.
3. 마지막 사람은 제한 시간 안에 문장을 마무리한다.

4. 한 문장 만들기에 익숙해지면 문장의 수를 늘린다.

◑ 수업 뒷이야기

1. 이야기한 내용을 바탕으로 글을 쓰게 한다.

2. 이야기 내용은 묻고 답하는 활동을 통해 구조를 갖춘다.

인디언 포커

놀이 방법

1. 카드를 이마에 올리고 상대의 카드와 반응을 살핀다.
2. 눈치껏 바둑알을 베팅한다.
3. 상대방이 베팅에 응하지 않거나 내 카드의 숫자가 높으면 승리한다.

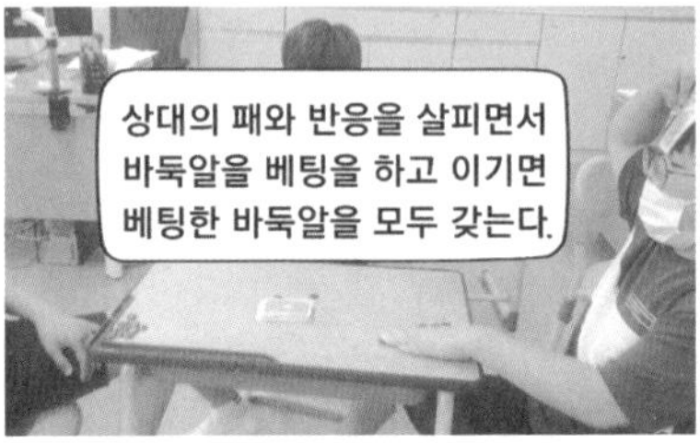

수업 적용 방법

1. 빈 카드에 역사적 인물, 작품 속 인물, 친구 이름 등을 적는다.
2. 카드 더미에서 한 장을 꺼내 이마에 붙인다.
3. 한 명씩 돌아가며 인물 추리를 위한 질문을 한다.
4. 나머지는 차례로 질문에 답을 한다.
5. 답은 두루뭉술하게 할 수 있지만 내용은 사실에 근거해야 한다.
6. 질문은 각기 다른 정보를 얻을 수 있게 한다.
7. 자신의 인물을 추리에 성공하면 놀이에서 탈출한다.

수업 뒷이야기

1. 교과서 작품 속 인물, 친숙한 이야기 속 인물 등으로 카드를 만든다.
2. 카드를 이마에 올린 후 돌아가며 질문과 답을 한다.

3. '인물의 이름이 뭐야?'처럼 직접적인 답을 묻는 질문은 하지 않는다.
4. 놀이에 익숙해지면 '장면 속 인물 맞히기' 활동을 한다.
5. 이야기는 함께 읽었거나 내용을 잘 알고 있는 것으로 한다.
6. 놀이에 사용되는 작품의 수가 많으면 놀이 전에 작품의 제목과 등장인물을 안내할 수 있다.

인당수에 빠진 심청이	빈털터리로 쫓겨난 흥부	소녀가 죽었다는 이야기를 들은 소년	저승 곳간에 볏짚 한 단이 있다는 걸 알게 된 원님
궁궐에서 아빠를 만난 심청이	박에서 보물이 나오는 걸 본 흥부	소문 때문에 쫓겨난 빨간 물고기	원님에게 쌀을 받은 덕진이
심청이를 만나 눈을 뜬 심봉사	흥부가 부자가 됐다는 소문을 들은 놀부	엄마의 고함에 몸이 날아간 아기펭귄	지게에 있던 독이 깨지는 걸 본 독장수
경주에서 진 토끼	박에서 도깨비가 나오는 걸 본 놀부	엄마의 사과를 받은 아기펭귄	남은 배가 9척밖에 없다는 걸 알게 된 이순신 장군
밥주걱으로 따귀를 맞은 흥부	돌다리에서 소녀를 만난 소년	문을 열고 들어온 친구에게 말을 건넨 사과	뚱뚱한 할머니가 상자를 주워가는 걸 본 종이 할머니

탐정 놀이

놀이 방법

1. 놀이는 한 명의 출제자와 세 명의 탐정이 활동한다.
2. 초성 하나가 적힌 카드를 잘 섞은 후 뒤집어둔다.
3. 출제자는 카드 한 장을 빼내 초성이 보이게 카드를 놓는다.
4. 출제자는 초성을 보고 떠오르는 단어를 활동지에 적는다.
5. 탐정들은 질문을 통해 출제자가 생각한 단어를 추리한다.
6. 탐정은 각각 2번의 질문을 하게 된다.
7. 출제자는 탐정의 질문에 사실을 바탕으로 답을 한다.
8. 답에 포함되는 정보의 양은 출제자의 판단에 따라 조절된다.
9. 탐정은 출제자의 답에서 필요한 정보를 선별해 추리한다.
10. 출제자는 모든 탐정이 추리에 실패하면 -2점이 된다.
11. 출제자는 모든 탐정이 추리에 성공하면 점수를 얻지 못한다.
12. 몇 명의 탐정만 추리에 성공하면 출제자도 +1점을 얻는다.

초성 탐정 놀이 활동지

1. 출제자

초성	출제단어	출제점수
예) ㄷ	예) 다람쥐	1. 탐정 모두가 추론에 성공하면 0점 2. 탐정 모두가 추론에 실패하면 -2점 3. 추론에 성공한 탐정이 1~2명이면 1점

2. 탐정

초성	추론단어	추론점수
예) ㄷ	예) 다람쥐	1. 추론에 성공하면 2점 2. 추론에 실패하면 0점

◕ 수업 적용 방법

1. '논리적 근거'와 '추론' 등을 성취목표로 하는 단원에서 사용한다.
2. 놀이는 추론에 도움이 되는 질문과 추리를 위해 제공하는 정보의 양을 조절하는 데 목적이 있다.
3. 놀이를 통해 정보를 수집하고 추리를 위한 정보를 선별하는 능력을 기른다.

◑ 수업 뒷이야기

1. 그림 카드를 활용해 성취목표가 비유적 표현인 단원에서 활용한다.
2. 출제자는 그림 카드를 보고 떠오르는 단어를 적는다.
3. 탐정은 질문으로 출제자가 생각한 단어를 추리한다.
4. 단어는 직관적으로 이해되지 않지만 설명을 들으면 이해할 수 있어야 한다.
5. 그림 카드를 활용한 탐정 놀이는 탐정의 질문보다 출제자가 제공하는 정보의 질이 중요하다.
6. 활동 전에 탐정들에게 추론에 도움을 되는 정보를 적절히 제공하도록 안내한다.

사랑합니다. 왜요?

● 놀이 방법

1. 의자를 원 모양(학생 수보다 하나 적게)으로 배치한다.
2. 술래는 친구 앞으로 가서 '사랑합니다.'를 외친다.
3. 친구들은 '왜요?'라고 묻는다.
4. 술래는 친구의 특징이나 겉모습에서 이유를 찾아 말한다.
5. 같은 특징이나 겉모습을 가진 사람은 자리를 옮겨 앉는다.
6. 자리를 옮겨 앉지 못한 사람은 다음 술래가 된다.

◑ 수업 적용 방법

1. 사실과 의견을 구분하는 단원의 도입 활동으로 활용한다.
2. 술래는 친구에게 관찰할 수 있는 사실을 이유로 말한다.
3. 사실이 아닌 의견을 이유로 말하면 술래는 벌칙을 받는다.
4. 사실과 의견의 판정은 학생들이 직접 한다.
5. '관찰 사실' 말하기에 익숙해지면 '경험 사실'을 이유로 말한다.
6. '경험 사실'은 가본 곳, 먹은 것, 한 것, 본 것 등과 같은 경험 유무를 이유로 말한다.

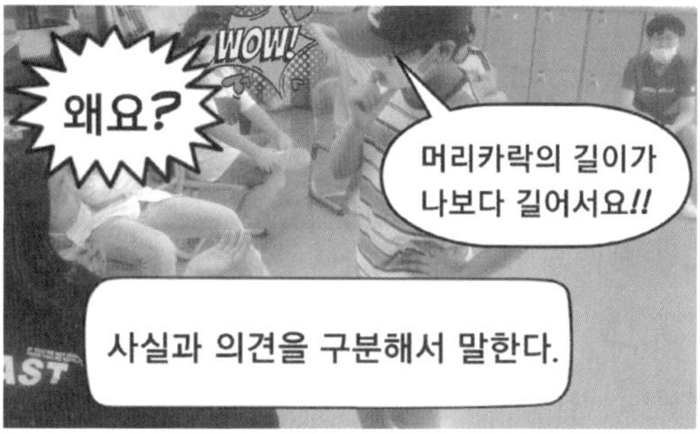

◑ 활동 유의사항

1. 색깔을 말할 때는 계열이라는 단어를 넣어 말한다.
2. 간단한 벌칙을 정해서 놀이한다.
3. 벌칙은 학생들의 의견을 받아 몇 개의 벌칙을 정하고 그중에서 하나를 선택하게 한다.
4. 손으로 의자를 잡아당기거나 다른 사람을 밀고 자리에 앉지 않도록 안내한다.
5. 엉덩이가 먼저 의자에 닿은 사람에게 우선권이 있다.
6. 술래는 이성 친구에게만 '사랑합니다.'를 외칠 수 있다.

8칸 그림 그리기

놀이 방법

1. A4 종이를 접어 8등분을 한다.
2. 마음에 드는 그림 카드 2장을 골라 처음 2칸에 그린다.
3. 모둠 친구들에게 차례로 카드를 받아 나머지 6칸을 채운다.

수업 적용 방법

1. 비유적 표현을 성취목표로 하는 교과 단원에 활용한다.
2. 8칸에 그림을 그리면 떠오르는 그림 밑에 단어를 적는다.
3. 단어는 그림 속 물체가 가진 특징을 포함해야 한다.
4. 단어와 그림은 언뜻 봐서 쉽게 매칭이 되지 않아야 한다.
5. 단어는 설명을 들으면 이해가 되어야 한다.

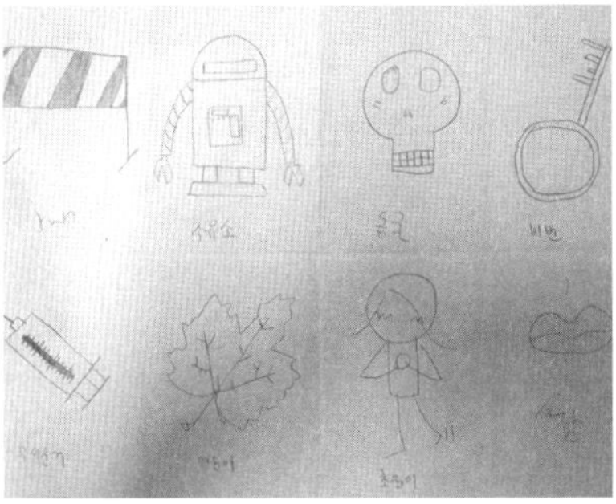
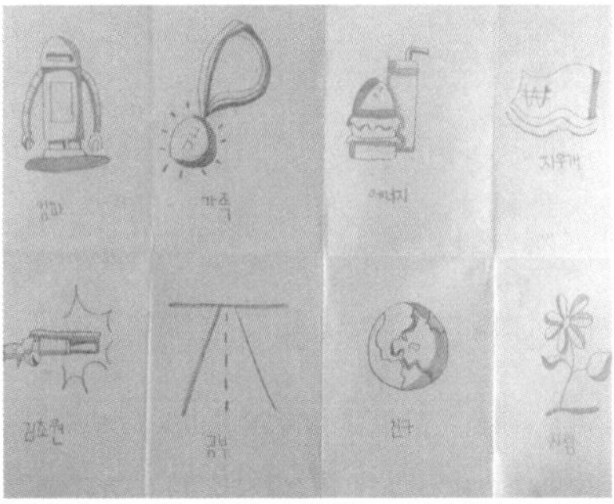

수업 뒷이야기

1. 글쓰기 수업에서 활용한다.
2. 주제에 어울리는 그림을 2개 선택해 그린다.

3. 모둠 친구의 카드를 받아 나머지 6칸을 채운다.

4. 8개의 그림 밑에 떠오르는 단어를 한 개씩 적는다.

5. 8개 단어를 주제와 연결해 이야기의 내용을 쓴다.

6. 그림은 이야기의 삽화로 활용한다.

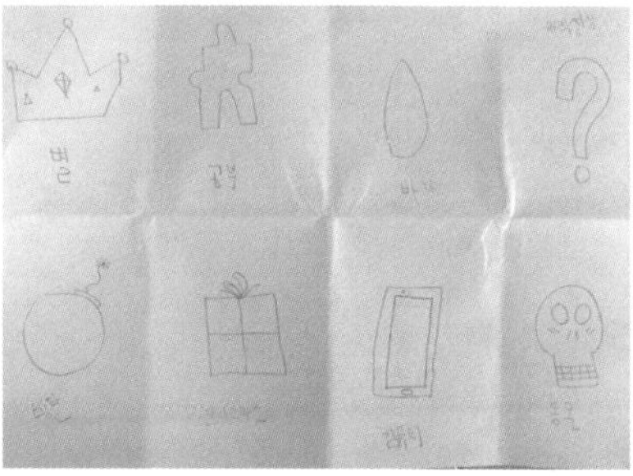

7. 체험학습 안내장을 직접 만들어본다.

8. 체험학습에 필요한 물건을 포스트잇에 그린다.

9. 캐리어가 그려진 활동지에 작성한 포스트잇을 모두 붙인다.

10. 친구들과 상의해서 필요 없는 물건을 하나씩 빼가며 체험학습에 필요한 물건을 정리한다.

11. 같은 방법으로 '체험학습에서 할 수 있는 일', '버스를 타고 이동할 때 하면 안 되는 일' 등을 포스트잇에 그린다.

12. 포스트잇 빼기 활동을 하며 '꼭 해야 하는 일'과 '하면 안 되는 일' 등을 정리한다.

과일 바구니

● 놀이 방법

1. 자리에 앉은 순서대로 과일 이름을 별칭으로 받는다.
2. 친구들이 "무슨 과일 좋아해?"라고 물으면 술래는 "나는 △△."라고 말한다.
3. 술래가 선택한 과일의 이름을 가진 사람은 자리를 옮겨 앉는다.
4. 활동이 익숙해지면 말하는 과일 이름 개수를 늘린다.
5. 술래가 '과일 바구니'라고 하면 모두가 자리를 옮겨 앉는다.

◕ 수업 적용 방법

1. 과일 이름 대신 교과 단어를 별칭으로 사용한다.
2. 친구들은 "너는 뭘 배웠어?"라고 술래에게 묻는다.
3. 활동에 익숙해지면 칠판에 적어둔 단어는 지운다.
4. 같은 단어는 연속해서 부르지 않도록 한다.

◑ 수업 뒷이야기

1. '포함하는 말' 주제학습의 활동 놀이로 한다.

2. 상하 관계에 있는 단어를 별칭으로 준다.
3. 처음에는 내 이름이 불릴 때만 자리를 옮겨 앉는다.
4. 놀이에 어느 정도 익숙해지면 상위개념을 게임에 도입시킨다.
5. '엄마, 아빠, 누나, 남동생'을 사용한다면 어른, 남성, 여성, 성인, 가족 등을 상위어로 말할 수 있다.
6. 교사가 함께 참여해 시범을 보여주면 좋다.

〈포함관계가 있는 단어 조합 리스트〉

엄마, 아빠, 누나, 남동생	스마트폰, 닌텐도, 편지, 카톡
악어, 고래, 원숭이, 사자	카톡, 인스타, 유튜브, 블로그
대한민국, 중국, 영국, 이탈리아	국어, 수학, 체육, 미술
라면, 스파게티, 햄버거, 토스트	짜장면, 탕수육, 라면, 삼겹살

◔ 활동 유의사항

1. 포함하는 말을 활용하는 놀이는 고학년에게 적당한 놀이이다.
2. 포함하는 말을 찾아 말한 사람은 단어 하나당 +1점을 준다.
3. 포함하는 말에 익숙해지면 분류하기 활동으로 연결한다.
4. 분류하기 놀이는 스마트폰에 설치된 앱을 5개의 폴더 안에 넣고 폴더의 이름 정하는 모둠 활동으로 한다.

스무고개

● 놀이 방법

1. 질문으로 술래가 생각한 단어를 추리한다.
2. 질문은 한 사람씩 돌아가며 한 가지 질문을 한다.
3. 술래는 질문에 '예'나 '아니요'로만 대답한다.
4. '예'나 '아니요'로만 답을 들을 수 있어 질문은 최대한 구체적으로 한다.
5. 질문 한 번과 그에 대한 답이 한 고개가 된다.
6. 스무고개 안에 답을 맞히지 못하면 술래가 승리한다.
7. 답은 질문을 고개당 한 번, 질문을 한 사람만 말할 수 있다.
8. 답은 상의해서 말할 수 없어 이전 질문과 답을 생각하며 신중하게 말한다.

◕ 수업 적용 방법

1. 모둠별로 교과 단어가 적힌 쪽지 하나를 뽑는다.
2. 정해진 시간 동안 책과 모둠 친구를 활용해 공부한다.
3. 모둠 공부 시간이 끝나면 모둠별로 대표 한 명이 나와 스무고개의 술래가 된다.
4. 술래는 사전에 정하지 않고 놀이 직전 뽑기로 정한다.
5. 술래는 잘못된 정보를 제공하면 -3점을 받는다.
6. 모둠 활동 순서에 따라 질문을 하고 답을 말한다.
7. 답을 맞히면 2점을 얻고 실패하면 다음 모둠에게 기회가 간다.
8. 정해진 고개를 넘으면 술래 모둠이 3점을 얻는다.

◑ 수업 뒷이야기

1. 만다라트를 활용한 '나 탐색하기' 활동(6, 미, 01-01)의 Follow-up 활동을 한다.

〈'나 탐색하기' 활동지〉

	잘하는 것 (취미나 특기)	하고 싶은 일 (직업)	내면 (성격)	
	혈액형	이름	나와 닮은 동물은?	
	좋아하는 것 (자주 하는 것)	가족의 수는?	겉모습	

2. 활동지를 활용해 나를 소개하는 문장 10개를 적는다.
3. 문제를 적은 종이를 공처럼 뭉친 후 바구니에 넣는다.
4. 술래는 잘 섞은 종이 공 하나를 뽑는다.
5. 술래는 종이에 적힌 문장을 하나씩 읽는다.
6. 술래가 말한 문장을 듣고 누구나 답을 말할 수 있다.
7. 답을 말할 기회는 누구에게나 1번만 제공된다.
8. 문제의 출제자는 티가 나지 않게 다른 친구의 이름을 말한다.
9. 열 고개 동안 정답이 나오지 않으면 술래와 출제자는 2점을 얻는다.

두 문장 탐정 놀이

놀이 방법

1. 두 문장이 적혀 있는 쪽지 하나를 뽑는다.
2. 문장에서 추론할 수 있는 사실을 활동지에 모두 적는다.

〈두 문장 탐정 놀이에 사용한 문장〉

1. 정조는 아버지의 무덤을 수원 팔달산으로 옮겨왔다. 정조는 수원화성을 좋은 자리에 건축했다.
2. 궁은 왕족만이 사용할 수 있었다. 1910년 일본은 창경궁 안에 동물원과 식물원을 만들고 창경원으로 불렀다.
3. 원나라 황후가 된 기왕후는 원으로 끌려간 고려의 공녀였다. 고려에는 기왕후의 오빠가 한 명 있었다.
4. 구석기 사람들은 농사를 지을 줄 몰라 굶는 날이 많았다. 청동기 사람들은 벼농사를 짓기 시작했다.
5. 내일은 내 생일이다. 작년 내 생일에는 친구들과 팥빙수도 먹고 피자도 먹으면서 즐겁게 시간을 보냈다.
6. 집에 와보니 우산을 학교에 두고 온 것이 생각났다. 아침에 "이제 우산이 없으니까 꼭 가져와."라고 하신 엄마의 말씀이 떠올랐다.
7. 오늘도 집에 돌아와 보니 아무도 없었다. 배가 고파서 밥솥을 열었는데 안이 텅텅 비어 있었다.
8. 작년 설날 할아버지 댁까지 가는데 평소의 2배인 8시간이 걸렸다. 올해는 서울역에서 기차를 타고 가려고 했는데 구할 수 있는 표가 한 장도 없었다.

3. 추론한 문장 옆에 추론 방법(배경지식, 경험, 인물의 말과 행동 중 하나)을 적는다.
4. 추론한 문장에 근거가 있으면 1점을 얻는다.

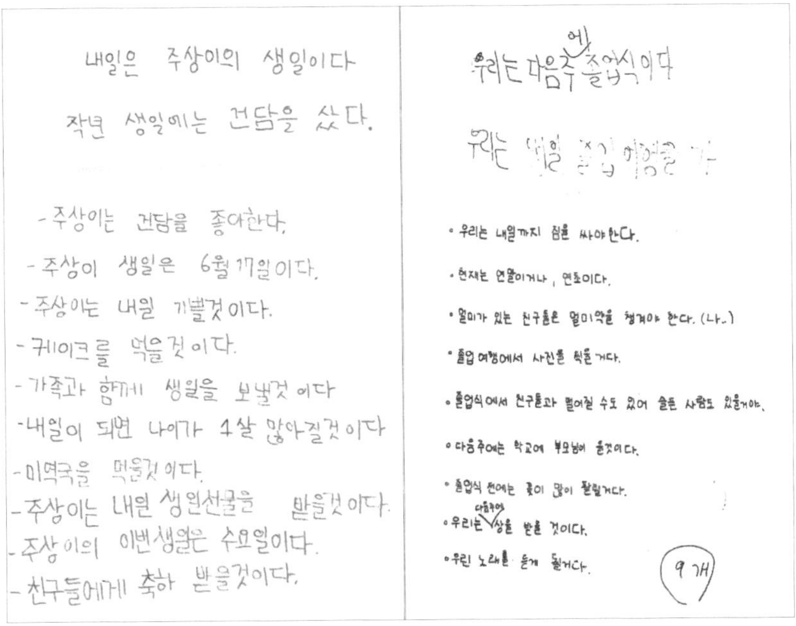

◐ 수업 적용 방법

1. 공익 광고 포스터(그림책의 제목) 추론 놀이를 한다.
2. 제목을 제거한 광고 포스터(그림책 표지)를 10개 준다.
3. 활동지에 제목 리스트를 주고 포스터와 매치시킨다.
4. 제목과 포스터, 표지와 매치시킨 개수로 점수를 매긴다.
5. 주요 활동은 그림에서 단서를 찾아 제목을 추론하는 것이다.
6. 놀이를 모둠 활동으로 진행해 의사소통을 통해 논리적으로 답을 추론하게 한다.
7. 비슷한 제목과 주제를 가질수록, 그림이 비슷할수록 토론 활동이 활발히 이루어진다.

말판 놀이(창작 편)

● 수업 적용 방법

1. 색깔이 다른 3개의 포스트잇을 각각 3장씩 총 9장을 받는다.
2. 색깔을 분류해 포스트잇에 인물, 배경, 사건을 3개씩 적는다.
3. 포스트잇을 인물, 배경, 사건 별로 분류해 전지에 붙인다.
4. 주사위를 던져 나온 수만큼 말을 이동하면서 포스트잇에 적힌 인물, 배경, 사건을 수집한다.
5. 수집한 단어를 활동지에 적는다.

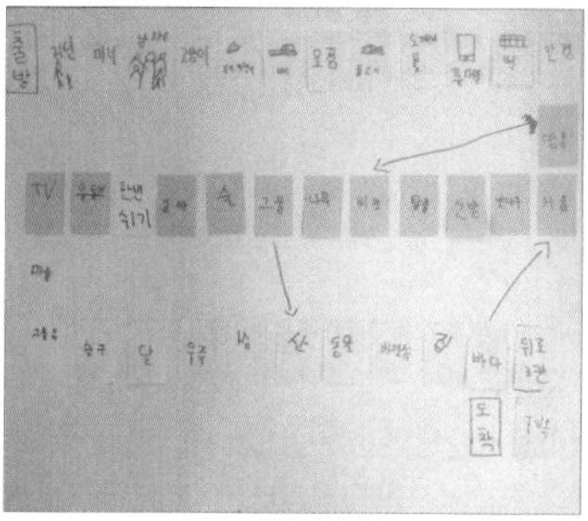

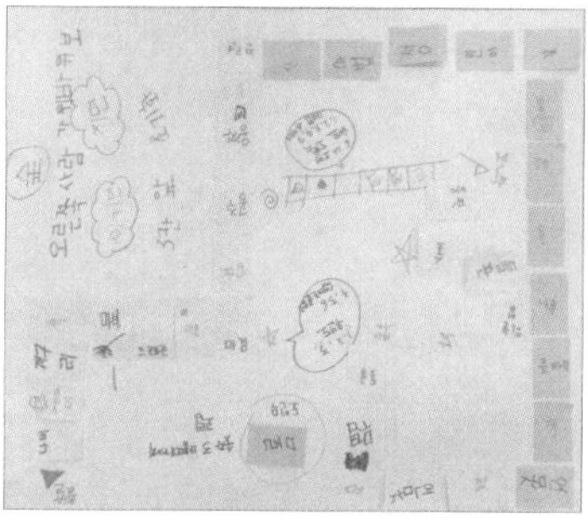

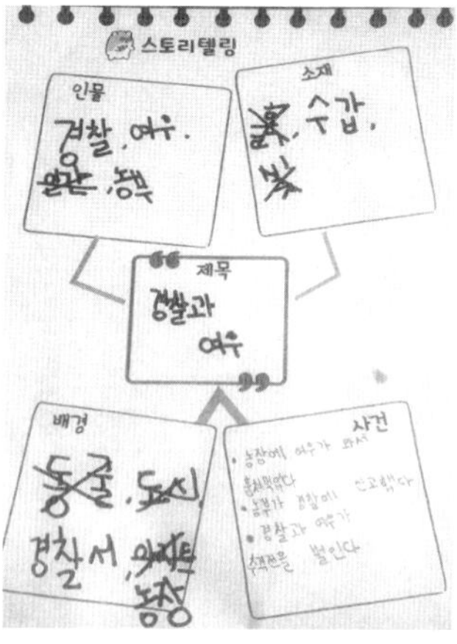

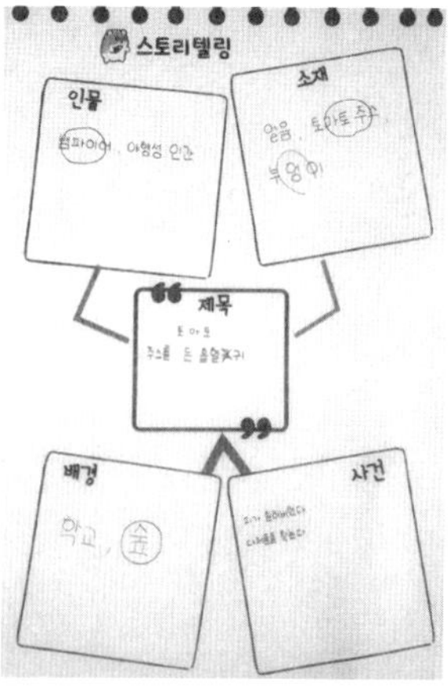

6. 수집한 단어에서 마음에 드는 인물, 배경, 사건을 선택한다.
7. 선택한 단어들로 이야기를 구상해 내용을 만든다.
8. 내가 쓴 초안을 친구들에게 들려주고 궁금한 점을 질문받는다.
9. 이해가 안 되거나 추가됐으면 하는 내용을 자유롭게 말한다.
10. 발표가 끝나면 친구들의 이야기를 반영해 초안을 고쳐 쓴다.

◕ 수업 뒷이야기 하나

1. 말판을 아예 비워두고 주제에 맞는 단어를 적는다.
2. 관련성이 없어 보이는 단어는 이유를 물어본다.
3. 주제와 관련지어 이유를 말하지 못하면 원래 칸으로 돌아간다.

1. 주사위를 던져 나온 숫자만큼 말을 이동한다.
2. 빈칸에 주제에 맞는 낱말을 적는다.
3. 이미 나온 낱말은 적을 수 없다.
4. 상대편에서 이유를 물으면 답을 해줘야 한다.

시작

4. 놀이 후, 말판에 적힌 단어에서 마음에 드는 단어를 수집한다.
5. 수집한 단어를 활용해 주제와 관련한 시를 쓴다.
6. 수집해야 하는 단어의 수는 사전에 정해준다.
7. 사용할 단어가 많을수록 창의력이 발휘된다.

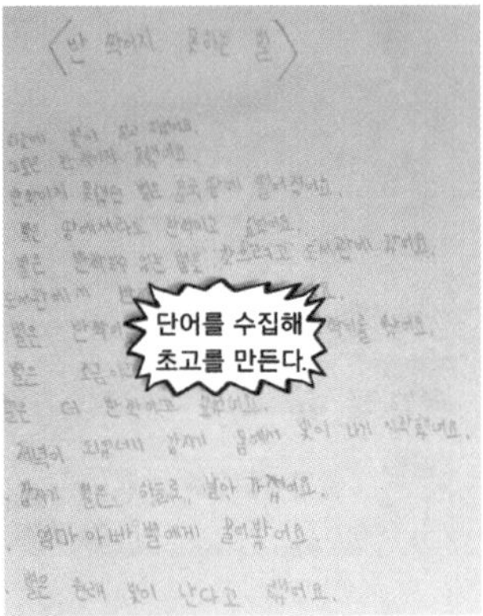

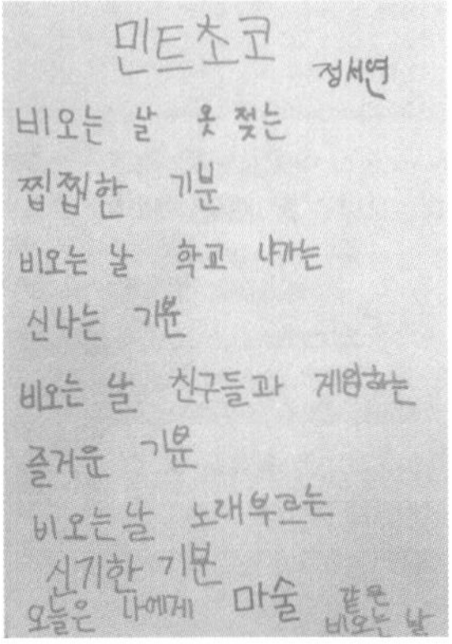

8. 어울릴 것 같지 않은 단어가 연결될수록 재미있는 창작물이 나온다.

◑ 수업 뒷이야기 둘

1. 초성이 적힌 칸에 맞는 단어를 적는다.
2. 놀이가 끝나면 각자 초성 하나를 선택해 적혀 있는 단어를 연결해 이야기를 만든다.
3. 예를 들어 'ㅁ'에 '마녀, 마술, 미술, 뭉게구름'을 단어로 선택해 '미술 시간에 그린 뭉게구름을 마녀가 마술을 부려 만들 수 있대요.'라고 쓸 수 있다.
4. 자음 13개의 이야기와 어울리는 그림을 묶어 학급 그림책으로 만

든다.

5. 초성 대신 한 글자로도 놀이를 할 수 있지만 놀이가 어려워진다. 고학년이 아니라면 추천하지 않는다.

〈초성을 이용한 글쓰기 말판 놀이판〉

ㅈ	뒤로 한 칸	ㅊ	ㅋ	ㅍ	세 칸 앞으로	ㅌ
앞으로 세 칸						뒤로 두 칸
ㅇ	1. 주사위 숫자만큼 말을 이동한다. 2. 낱말을 만들지 못하면 원래 있었던 곳으로 되돌아간다. 3. 나왔던 낱말을 다시 말할 수 없다.					ㅎ
ㅅ						한 번 쉼
ㅂ	ㅁ	ㄹ	ㄷ	ㄴ	ㄱ	시작

말판 놀이를 활용해 모둠 또는 학급 그림책을 제작한다.

◕ 수업 뒷이야기 셋

1. 고학년은 '이야기 구조'에 따른 글쓰기를 한다.
2. 주사위를 굴리거나 가위바위보로 구조별로 원하는 그림을 하나씩 수집한다.
3. 수집한 그림을 연결해 이야기 내용을 완성한다.

〈등장인물 선택하기〉

	 ②	 ③	 ④
 ⑤	 ⑥	 ⑦	 ⑧
 ⑨	 ⑩	 ⑪	 ⑫

〈인물에게 일어난 사건 선택하기〉

	 ②	 ③	 ④
 ⑤	 ⑥	 ⑦	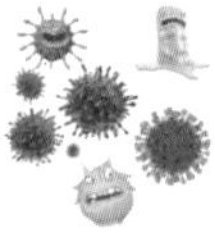 ⑧
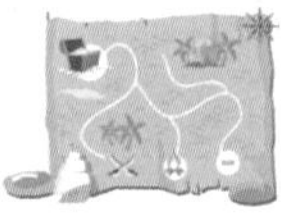 ⑨	 ⑩	 ⑪	 ⑫

〈사건 중에 벌어진 최대의 위기 상황 선택하기〉

	 ②	 ③	 ④
 ⑤	 ⑥	 ⑦	 ⑧
 ⑨	 ⑩	 ⑪	 ⑫

〈위기를 극복하는 해결의 실마리 선택하기〉

	 ②	 ③	 ④
 ⑤	⑥	 ⑦	 ⑧
 ⑨	 ⑩	 ⑪	 ⑫

4. 마음에 드는 그림이 없으면 빈칸에 간단히 그려 사용한다.
5. 이야기의 흐름과 연결되지 않는 그림 하나 또는 두 개 정도는 그리게 한다.
6. 초안은 최대한 자세히 쓰고, 완성되면 전체 발표를 진행한다.
7. 친구들은 이야기를 듣고 궁금한 점이나 보완점을 말해준다.

기타 놀이 수업

단어 찾기 퍼즐

놀이 방법

1. 구글 앱 스토어에서 '단어 찾기 퍼즐'을 다운받아 글자들 속에 숨어 있는 단어를 찾는다.
2. 한글 표 만들기를 활용해서 임의의 글자들 속에 교과 핵심 단어를 섞어 넣고 단어를 찾게 한다.

갈매기 펠리칸 밍크 장어 올빼미입니
코 하마 침팬지 크릴새우 인간 코끼

나	하	마	하	이	에	나	플	매	갈
아	테	우	아	리	나	카	라	슴	매
구	요	스	일	각	고	래	밍	사	기
양	코	입	수	라	팔	임	고	이	타
가	영	니	말	달	비	릴	북	치	이
딱	젤	다	우	제	라	거	범	표	거
정	곰	새	족	입	크	펠	리	칸	입
벌	밍	크	니	래	릴	고	어	장	니
레	종	다	고	탄	새	슴	콘	토	다
백	다	용	비	우	우	도	끼	끼	마
치	조	니	버	랑	르	치	매	입	다
로	참	입	입	오	암	웜	미	니	개
간	팔	지	니	미	탉	참	입	다	에
인	팬	버	다	다	빼	스	새	리	뮤
침	미	개	흰	판	무	올	코	끼	갈
딩	고	다	니	입	귀	마	까	코	전

구글 앱 스토어 다운

1. 스파이더맨 지퍼에 나오는 세 글자 이상의 낱말 11개를 찾아봅시다. 가로, 세로, 대각선으로 숨겨져 있습니다.

스	트	라	가	다	루	마	천	자	문
교	파	가	지	재	니	아	리	현	정
청	디	이	지	말	꼬	리	수	머	아
소	재	를	더	마	느	은	도	깨	비
후	드	티	가	맨	지	냐	어	버	니
마	르	크	스	와	이	파	훈	이	는
마	른	하	늘	제	스	피	너	장	언
체	영	홍	생	달	아	있	지	미	님
자	험	명	호	랑	이	나	이	컴	자
모	어	장	국	줄	수	요	풍	속	화

자체 제작

◕ 수업 적용 방법

1. 구글에서 '단어 찾기 퍼즐 만들기 1.0(김정식 허명성의 과학사랑)' 프로그램을 다운로드 받는다.
2. 교과 핵심 단어를 넣어 data.txt 파일을 수정한다.
3. 원하는 '칸수를 선택'하고 '한글 문제 만들기'를 선택한다.

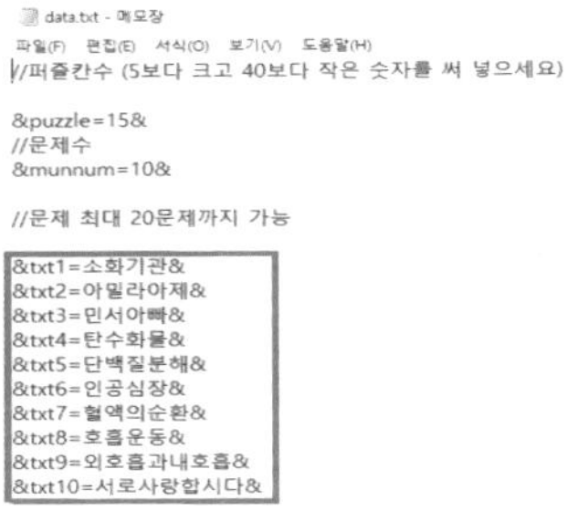
data.txt - 메모장
파일(F) 편집(E) 서식(O) 보기(V) 도움말(H)
//퍼즐칸수 (5보다 크고 40보다 작은 숫자를 써 넣으세요)

&puzzle=15&
//문제수
&munnum=10&

//문제 최대 20문제까지 가능

&txt1=소화기관&
&txt2=아밀라아제&
&txt3=민서아빠&
&txt4=탄수화물&
&txt5=단백질분해&
&txt6=인공심장&
&txt7=혈액의순환&
&txt8=호흡운동&
&txt9=외호흡과내호흡&
&txt10=서로사랑합시다&

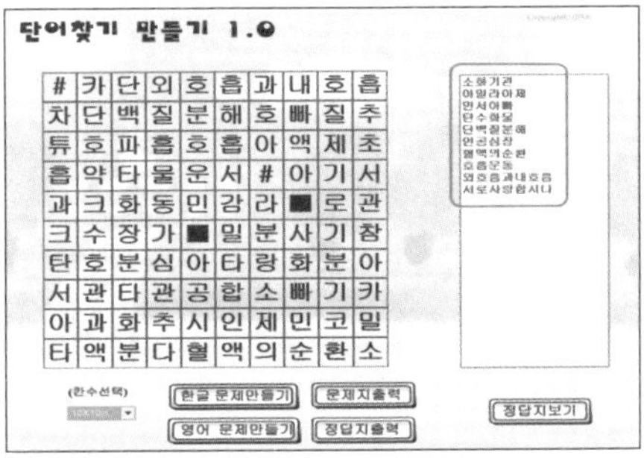

수정 전

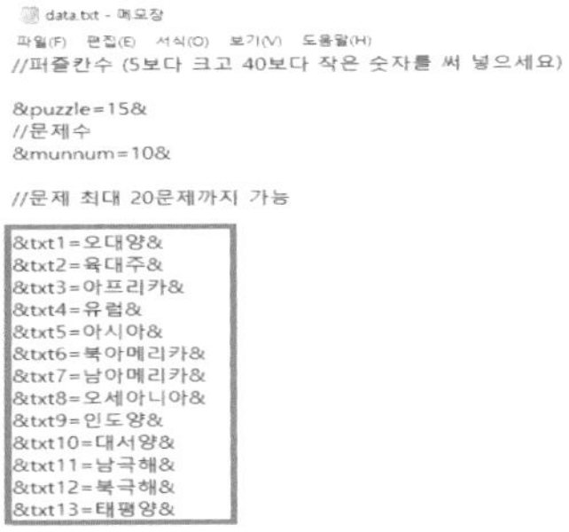
data.txt - 메모장
파일(F) 편집(E) 서식(O) 보기(V) 도움말(H)
//퍼즐칸수 (5보다 크고 40보다 작은 숫자를 써 넣으세요)

&puzzle=15&
//문제수
&munnum=10&

//문제 최대 20문제까지 가능

&txt1=오대양&
&txt2=육대주&
&txt3=아프리카&
&txt4=유럽&
&txt5=아시아&
&txt6=북아메리카&
&txt7=남아메리카&
&txt8=오세아니아&
&txt9=인도양&
&txt10=대서양&
&txt11=남극해&
&txt12=북극해&
&txt13=태평양&

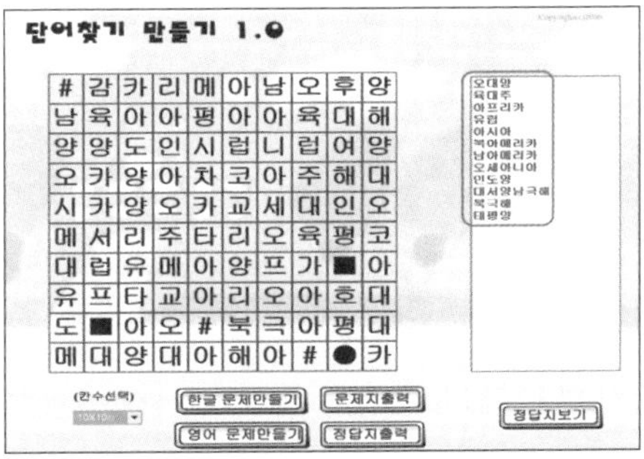

수정 후

◑ 수업 뒷이야기

1. 뒤죽박죽 섞여 있는 글자 중에서 관용적 표현을 찾는다.
2. 뒤죽박죽 섞여 있는 글자 중에서 차시 학습의 핵심 정리 문장을 찾는다.

3. 정답은 글자의 수와 순서까지 정확해야 한다.
4. 작은 차이로 정답이 되지 못하는 경우가 많아 핵심 문장을 반복해서 말하고 듣게 한다.
5. 내용을 이해하지 못했다 하더라도 놀이에 참여만 하면 정답을 맞힐 수 있다.

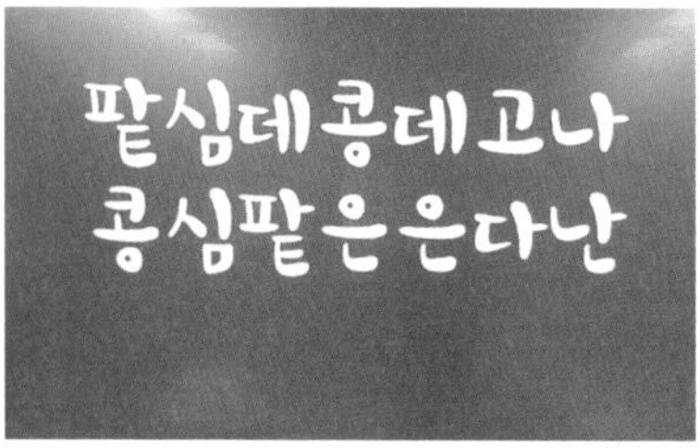

놀이를 활용한 관용적 표현 활동

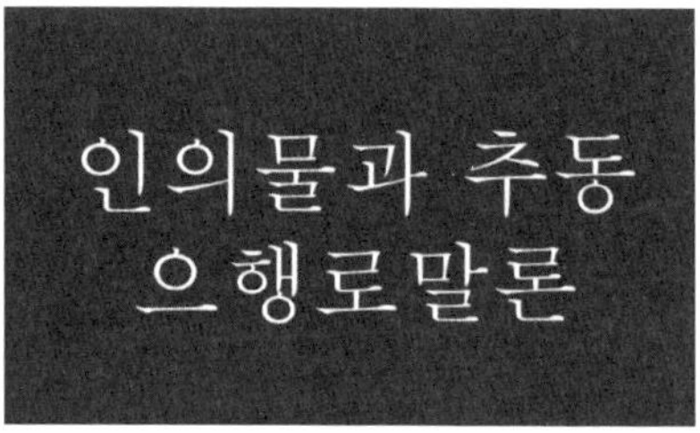

차시 학습 내용 정리 놀이 활동

6. '뒤죽박죽 핵심 정리' 놀이는 교과에 구애받지 않는다.

◔ 활동 유의사항

1. '뒤죽박죽 핵심 정리' 놀이는 여러 단원을 묶어 놀이한다.
2. 여러 교과를 섞어 놀이할 수도 있다.
3. 단어나 관용표현은 뜻을 설명하면 추가 점수를 준다.

게임 기반 학습 플랫폼 퀴즈 앤

● 놀이 방법

1. 퀴즈 앤을 검색하고 e메일 주소(구글)로 가입한다.
2. SHOW 만들기를 클릭한다.

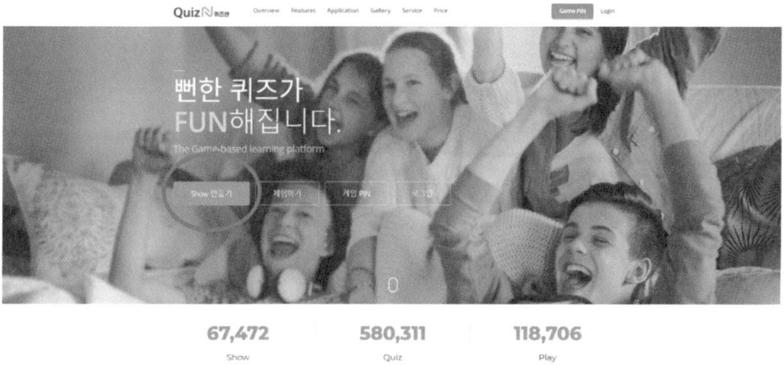

3. 쇼 제목과 태그를 입력한 후 등록을 클릭해 문제를 만든다.
4. 태그에 입력하는 단어와 단어 사이에 쉼표(,)를 입력한다.

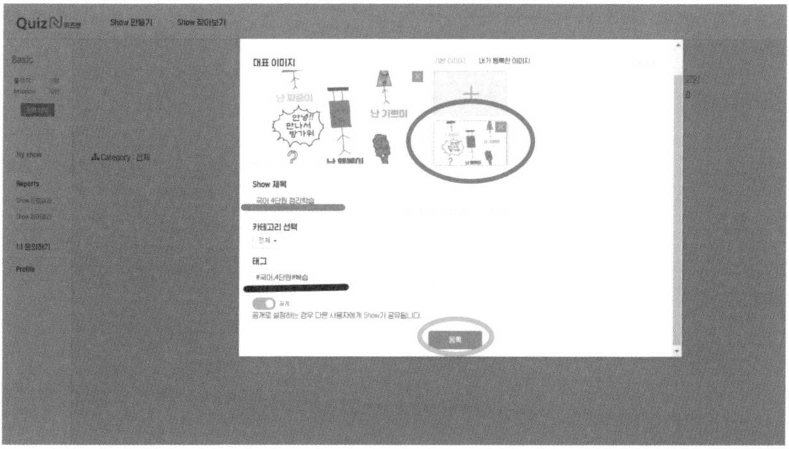

5. 질문 유형(Type)을 선택하고 유형에 맞게 문제와 답을 적는다.

6. 페이지 수를 추가해 가며 문제를 만든다.

7. 문제 출제가 끝나면 OK를 클릭한다.

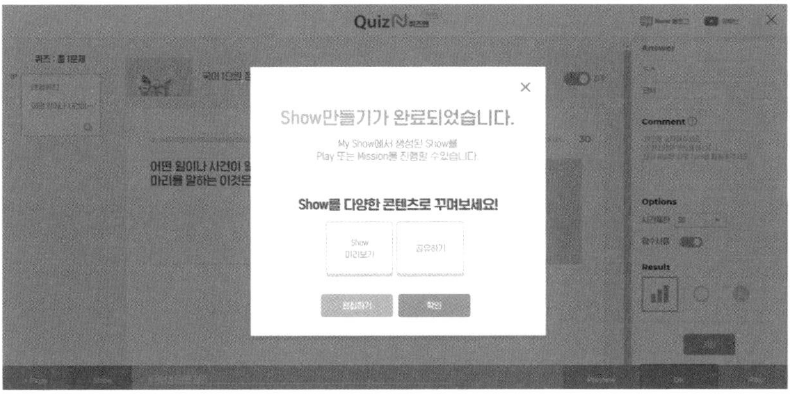

8. '쇼 만들기'가 완료되면 확인을 클릭한다.

9. 미션(Mission)을 클릭해 세부 사항을 설정한다.

10. 미션명은 단원, 주제 등을 적고 기간은 따로 선택하지 않는다.

11. 닉네임 안내 문구에는 반드시 자신의 이름을 적는다.

12. '재도전 사용'은 상황(복습인지, 평가인지)에 맞춰 설정한다.

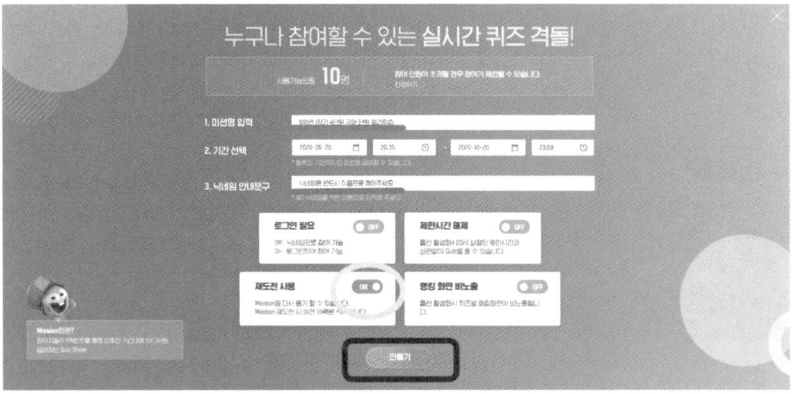

13. URL 주소나 PIN 번호를 복사해 학생들에게 안내한다.

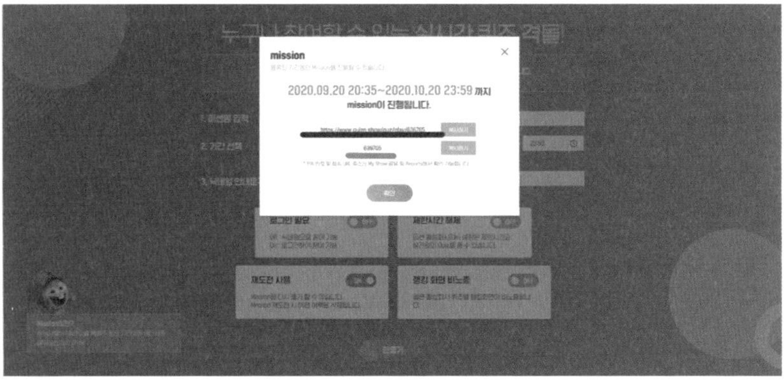

◑ 활동 유의사항

1. 사용된 단어 평가는 단어를 추가해 가며 반복 학습한다.
2. 사용된 템플릿을 재사용시, 문제 유형을 바꿔 기계적인 선택을 막는다.

미리 캔버스를 활용한 디자인 놀이

● 놀이 방법

1. 미리 캔버스를 검색하고 e메일 주소(구글)로 가입한다.
2. 첫 화면에서 '바로 시작하기'를 선택한다.

3. 왼쪽 상단부에 가로로 일곱 개의 패널이 제공된다.
4. 첫 번째 템플릿 패널은 이미 완성된 템플릿을 무료로 제공한다.
   - 기본으로 유튜브 썸네일, 카드 뉴스, 웹 포스터 등의 템플릿이 무료로 제공된다.
   - 마음에 드는 템플릿을 그대로 사용하거나 수정해 사용한다.
5. 글자와 그림을 두 번 클릭하면 수정 가능한 상태가 된다.
6. 마음에 들지 않는 그림은 삭제 후 다른 그림을 넣을 수 있다.

템플릿 패널을 클릭하면 무료로 제공되는 템플릿을 확인할 수 있다.

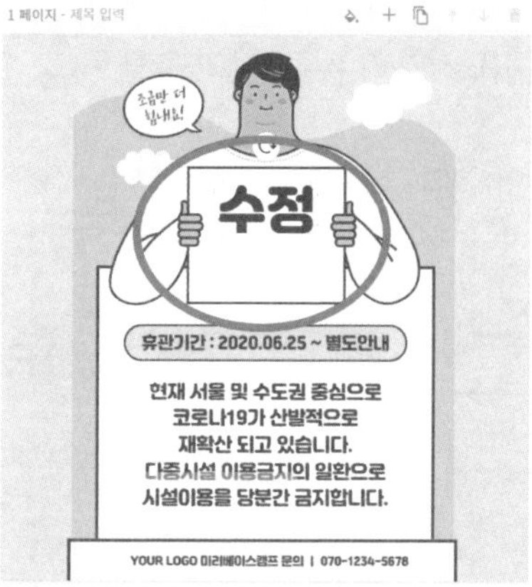

마음에 드는 템플릿을 선택하고 원하는 부분을 클릭해 수정한다.

7. 그림을 넣는 방법은 '요소' 패널에서 원하는 그림의 키워드를 입력해 찾는다.
8. 원하는 그림을 찾았으면 마우스 왼쪽 버튼을 꾹 눌러 오른쪽 템플릿으로 끌고 온다.

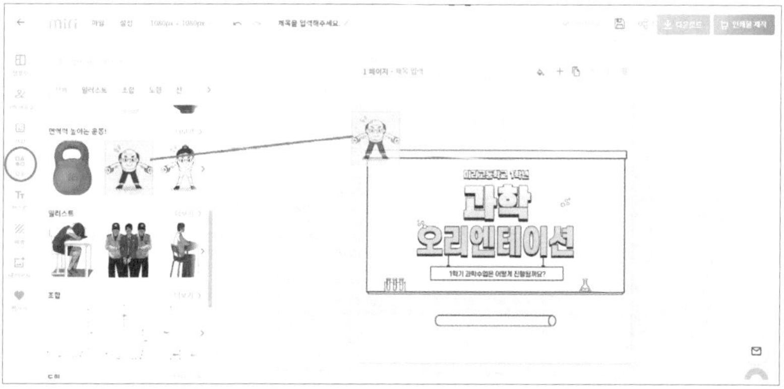

9. ‘내 이미지’ 패널을 활용해 내 그림 파일로 수정할 수 있다.

10. 사용할 사진 파일을 클릭&드래그 해 패널로 가져온다.

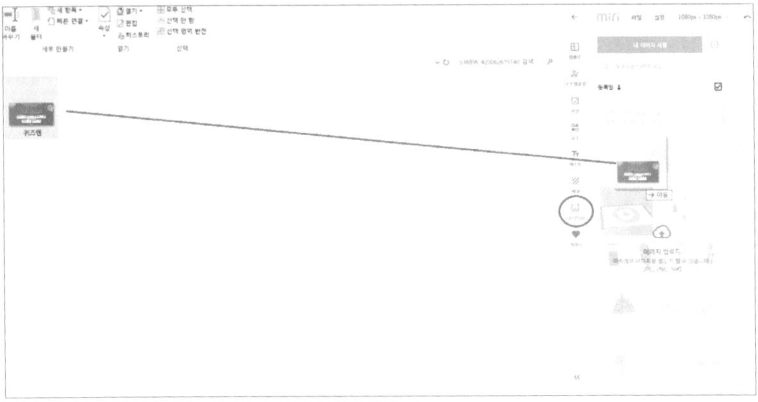

11. 사진은 ‘pixabay.com’, ‘pngwing.com’ 등의 무료 사이트에서 키워드를 검색하면 쉽게 구할 수 있다.

12. ‘pngwing’는 사진이 png 형식이라 사용에 편리하다.

13. 기본 템플릿에 원하는 디자인이 없는 경우 직접 디자인한다.

14. 흰색 배경의 기본 페이지에 사진, 요소 등의 패널을 활용해 원하는 템플릿으로 디자인한다.

◕ 수업 적용 방법

1. ‘내 이미지’ 패널을 활용해 사진을 합성한다.
2. 내가 가고 싶은 곳에 내 사진을 합성한다.
3. 합성한 사진을 소재로 해서 ‘미래 일기’와 같은 상상하는 글쓰기를 한다.

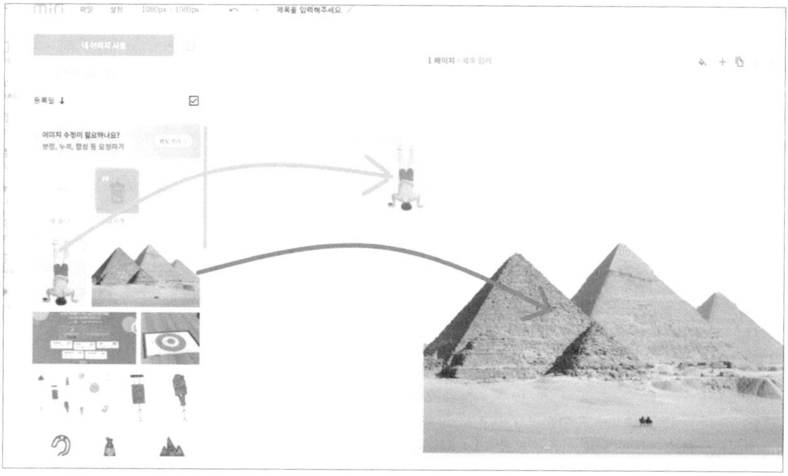

4. 포스터 그리기, 카드 뉴스 만들기 활동 등을 그리는 대신 미리 캔버스로 디자인해 제작한다.

나눔 봉사 활동 포스터 제작

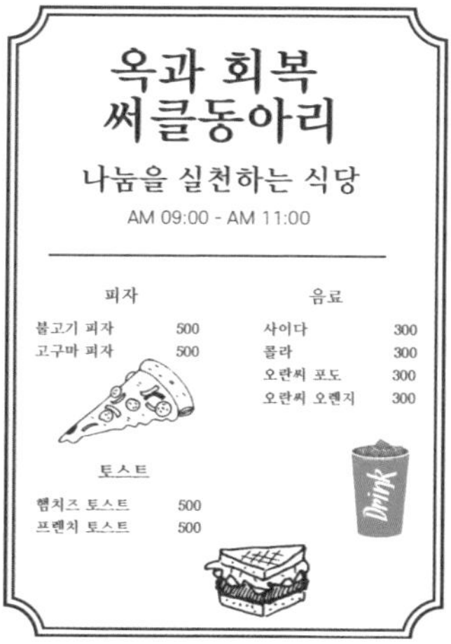

나눔 식당 메뉴판 제작

빙고 놀이(창작)

수업 적용 방법

1. 아이들이 글쓰기를 어려워하는 이유는 주제와 관련된 소재를 생각하기 때문이다.
2. 빙고 놀이를 활용해 글의 소재를 생각하고 수집하게 한다.
3. 글쓰기 주제를 제시어로 주고 떠오르는 단어를 빈칸에 적는다.
4. 놀이가 끝나면 인상적인 단어 하나와 선택 이유를 이야기한다.
5. 놀이에 사용한 단어와 이야기한 내용을 바탕으로 글을 쓴다.

수업 뒷이야기 하나

1. 빙고 판의 마지막 가로와 세로 한 줄을 빈칸으로 둔다.
2. 빈칸은 놀이하며 친구의 단어를 모아 채운다.
3. 마지막 친구의 차례가 끝나면 인상적인 단어 3개를 선택해 빈칸에 적는다.

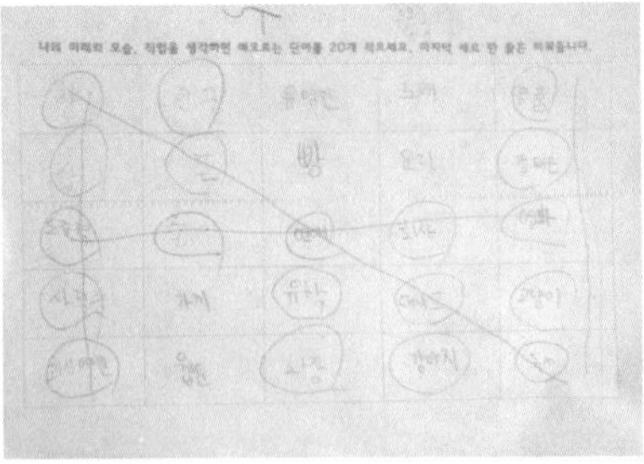

4. 놀이가 끝나면 빙고 판의 단어 10개가 들어가도록 시를 쓴다.
5. 시에는 친구의 단어가 3개 이상 들어가야 한다.

6. 시의 초고가 완성되면 주제와 관련된 몇 편의 시를 읽는다.
7. 시를 읽으면서 인상적인 구절에 밑줄을 긋는다.
8. 밑줄 그은 구절 중에서 하나를 넣어 초고를 수정한다.

◕ 수업 뒷이야기 둘

1. 매년 하는 '나의 꿈 발표 대회' 글쓰기 활동에 활용한다.
2. 20년 후 나의 모습을 구체적으로 상상한다.
3. 모둠 친구들과 내가 상상한 내용을 이야기 나눈다.
4. 이야기를 나누면서 나왔던 단어를 빙고 판에 적는다.
5. 사용된 단어가 들어가도록 '미래의 내가 쓰는 일기'를 쓴다.
6. 미래 일기로 20년 후의 내가 현재의 나에게 편지를 쓰는 활동을 한다.

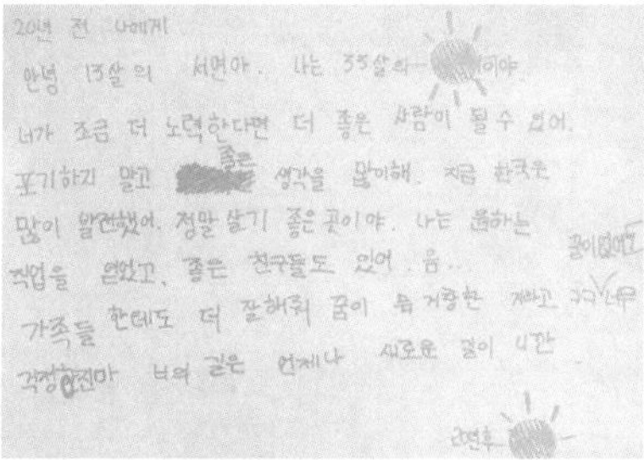

띵커벨(Think bell)

● 수업 방법

1. 아이스크림에서 '띵커벨(실시간 퀴즈)'을 선택한다.

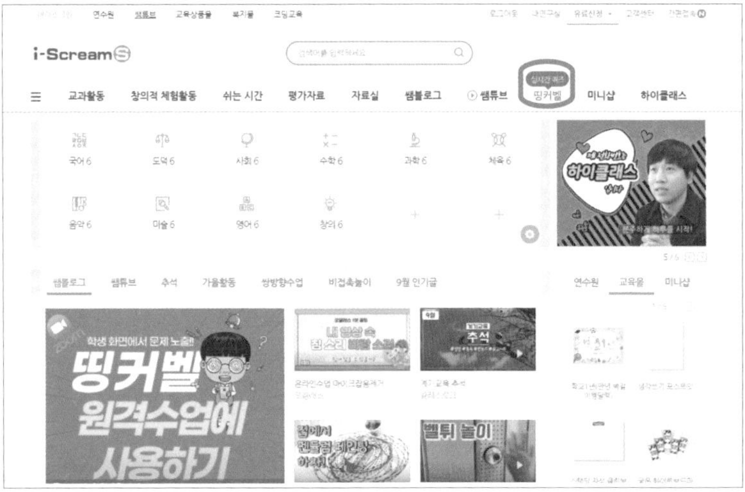

2. 아이스크림 통합 회원 약관에 동의한다.

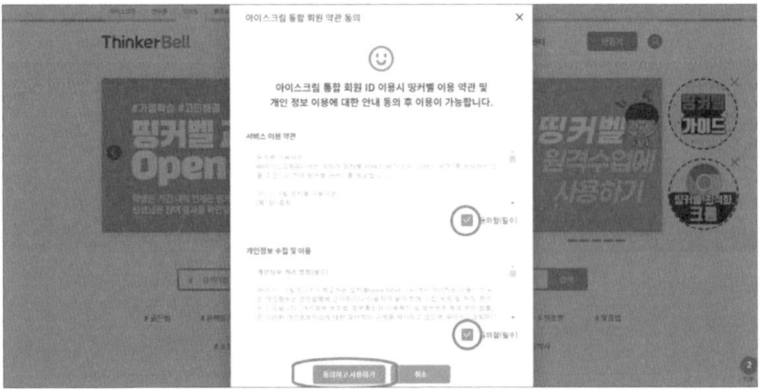

3. 실시간 퀴즈를 만드는 방법은 기존에 만들어진 템플릿을 그대로 활용하는 방법과 직접 만드는 방법 두 가지가 있다.

가. 만들어진 템플릿 활용

① 검색창에 구하고자 하는 템플릿의 핵심 단어를 입력한다.

② 자료 중에서 마음에 드는 하나를 선택한다.

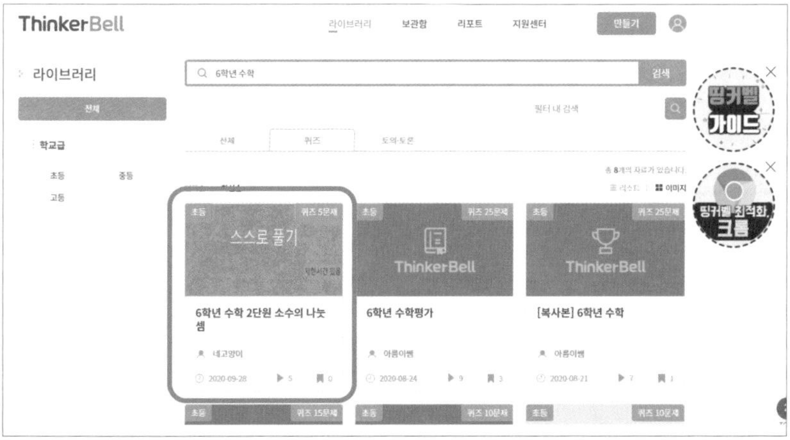

③ 교실에서 함께 문제를 풀고 싶을 때는 '함께 플레이'를 선택한다.

④ Wife-on은 스마트 기기를 활용한 골든벨 활동이고 WIfe-Off는 오프라인 골든벨 활동이다.

⑤ Wife-on을 선택해 사용 시에는 방 번호를 제공한다.

⑥ 학생들은 띵커벨을 검색한 후 방 번호를 입력해 입장한다.

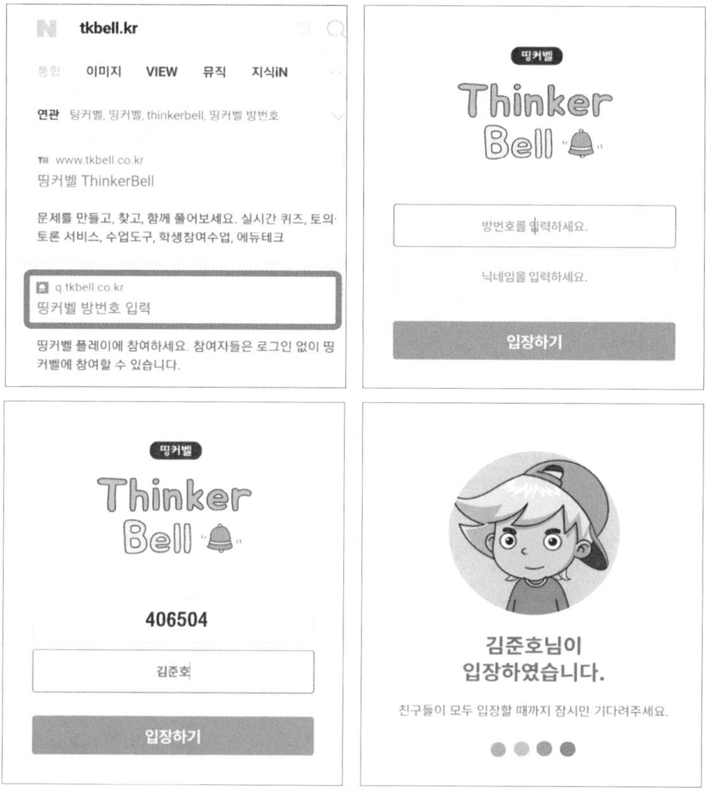

⑦ 접속 현황에서 접속 학생 수를 확인해 시작하기를 선택한다.

⑧ ‘혼자 플레이’는 온라인 수업 활동이나 과제로 제시된다.

⑨ ‘혼자 플레이’를 사용 시 URL 주소와 방 번호를 학급 밴드나 카톡, 문자 등으로 안내한다.

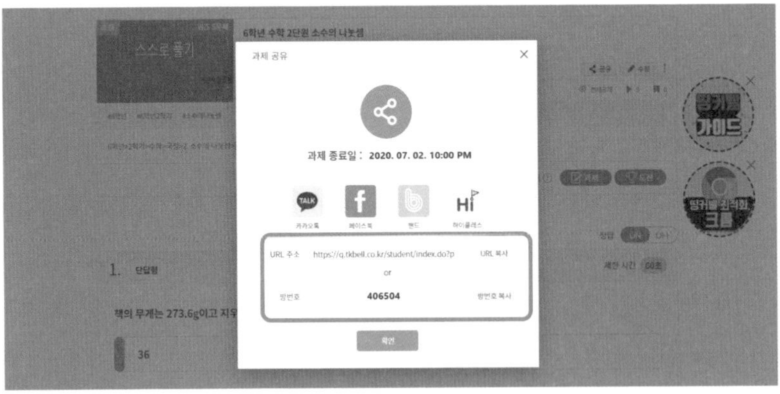

나. 직접 만들기

① '만들기'를 선택한다.

② 퀴즈 유형과 토의·토론 유형 중 하나를 선택한다.

③ 토의·토론은 주제에 대한 나의 의견을 선택하는 방식과 서술하는 방식으로 나눠진다.

④ 이미지, 제목, 학교급, 태그, 문제 유형을 선택한다.

⑤ 학교급에서는 학년, 학기, 과목 등을 선택한다.

⑥ 선택한 질문 유형에 맞게 질문과 답, 답의 해설을 입력한다.

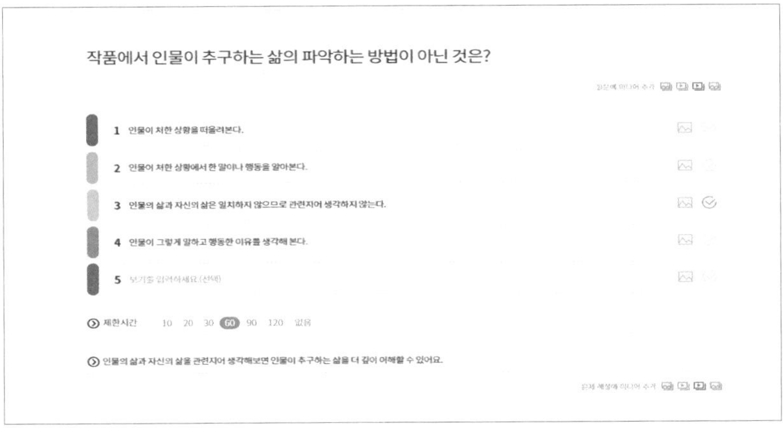

⑦ 문제를 다 만들었으면 완료를 선택한다.

⑧ 만들어진 템플릿을 사용한 활동처럼 상황에 맞게 '함께 플레이'나 '혼자 플레이'를 선택한다.

동문서답

● 놀이 방법

1. 물어본 질문과 전혀 다른 답을 말한다.
2. 팀원 모두가 질문과 다른 답을 연속해 말하면 성공한다.
3. 활동 초기에는 누구나 정답을 알고 있는 질문을 사용한다.
4. 활동이 익숙해지면 각자의 생각을 말하게 하는 질문을 한다.

◑ 수업 뒷이야기

1. 학기 초 적응 활동 놀이를 한다.
2. 놀이로 내 생각을 인정받는 편안한 교실 분위기로 연결될 수 있도록 한다.
3. 『틀려도 괜찮아』 그림책의 동기유발 놀이를 한다.
4. 놀이 후에는 그림책 주인공 모모를 빈 의자로 데려와 '해주고 싶은 한 마디' 활동을 한다.

3장

연극과 함께 하는 수업

타블로 활동과 함께 하는 수업

타블로 기법이란

타블로 기법은 정지 동작만으로 인물과 배경을 연기해 사진처럼 하나의 장면을 표현한다. 정지 동작으로 표현하기 때문에 운영과 참여가 어렵지 않다. 이런 점은 활동의 장점인 동시에 단점이 되기도 한다.

따라서 활동에 어느 정도 익숙해지면 추가 활동이 필요하다. 대표적인 추가 활동은 '땡' 활동이라고 불리는 3초 연기이다.

'땡' 활동은 3초 동안 연기하는 인물이 했을 말과 행동, 생각, 감정 등을 상상해 연기하는 것을 말한다. 연기하는 인물에 따라 대사와 동작이 있을 수도 없을 수도 있다. 이러한 '땡' 활동은 타블로 기법의 장점은 유지하면서 단점을 보완해 준다.

'땡' 활동은 '개인' 또는 '모둠' 단위로 운영된다. 먼저, 개인 '땡' 활동은 진행자가 터치를 한 사람만 3초 연기를 한다. 3초 연기 후 추가로 자기소개나 기분 등을 묻는 인터뷰 활동을 할 수 있다. 전체 '땡' 활동은 전체 연기자가 동시에 3초 동안 연기를 한다. 연기가 끝나면 마지막 자세로 정지 동작을 취하면 된다. 전체 '땡' 활동 역시 개인별 인터뷰 활동을 추가해 운영할 수 있다.

3초 연기는 작품의 내용에 근거해 말과 행동을 한다. 직접적으로 내용에 등장하지 않는 인물이라도 마찬가지이다. 상상력을 발휘해 연기하되 내용을 바탕으로 추론 활동이 이루어져야 한다.

3초라는 시간은 뭔가를 하도록 압박하지 않는다. 하지만 인물의 마음이나 처한 상황 등을 표현하기에도 부족함이 없다. 이러한 이유로 타블로 활동을 할 때 '땡' 활동은 선택이 아닌 필수가 되어야 한다.

정지 장면 만들기

타블로 기법의 기본 활동은 '정지 장면 만들기'이다. 운영 방법은 간단하다. 장면을 선택하고 등장하는 인물로 배역을 정한다. 연기자는 배역에 맞게 정지 동작으로 상황을 표현한다. 정지 동작만으로 연기하기에 누구나 부담없이 쉽게 참여할 수 있다.

'정지 장면 만들기'는 얼핏 특별할 것 없는 활동으로 생각하기 쉽다. 유의미한 활동으로 운영하기도 쉽지 않다고 생각한다. 하지만 그렇지 않다. '정지 장면 만들기'는 특별하고 누구나 쉽게 운영할 수 있다. 무작정 따라 하면 자연스럽게 방법과 요령이 생긴다. 방법과 요령이 생기면 충분히 재미있고 유의미한 활동이 된다. 그러니 미리 여러 생각을 갖기보다는 일단 활동을 시도해 보길 추천한다.

삽화를 활용한 정지 장면 만들기

삽화는 이야기의 중심 사건을 함축해서 보여준다. 그림책의 경우에는 글에서 보여주지 않는 상황을 보여주기도 한다. 정지 장면 만들기 활동을 하는 이유는 그림책의 삽화가 갖는 성격과 같다. 글의 내용을 정리하고 글로는 알 수 없던 것을 이해하게 한다.

삽화를 활용한 장면 만들기는 여러 가지 장점이 있다. 삽화를 보고 동작을 그대로 하면 되기 때문에 연기자의 부담을 줄여준다. 인물의 동작과 표정이 삽화 안에 이미 나와 있어 연기자의 디테일한 표현에 도움을 준다. 게다가 삽화는 대개 주요 사건인 경우가 많아 작품의 내용을 이해하는 데 도움을 준다.

삽화를 활용한 활동을 운영하는 방법은 쉽고 간단하다. 번거로운 과정을 한 번만 거치면 된다. 삽화를 스캔해 그림 카드로 만드는 과정이다. 스캔한 파일은 카드 크기에 맞게 수정한 후 잘라주면 된다. 코팅해서 사용하면 더 좋겠지만 하지 않아도 된다.

카드를 만들었으면 나머지 과정은 너무 간단하다. 만든 카드는 2인에게 한 세트씩 주고 섞게 한다. 삽화 카드를 사건의 흐름 순으로 놓고 짝에게 내용을 요약해 말한다. 이야기가 끝나면 카드를 섞은 후, 짝에게 준다. 카드를 받은 사람은 친구가 했던 것처럼 순서에 맞게 카드를 놓고 내용을 요약해 말한다.

장면 만들기 활동의 기본 목적은 내용의 흐름을 정확히 알게 하는 데 있다. 그런 측면에서 삽화 카드를 사용한 내용 요약 활동은 목적에 완벽히 부합한다고 할 수 있다.

이야기의 흐름을 이해했다면 본격적으로 장면 만들기 활동을 한다. 삽화 카드 중 하나를 선택해 장면을 그대로 연기한다. 삽화 카드는 마음에 드는 한 장을 선택하게 하거나 임의로 한 장을 뽑아 장면을 만든다. 어떤 방법이든 좋다. 굳이 하나를 꼽으라면 임의의 카드로 장면을 만드는 것을 추천한다.

장면을 선택하게 하면 장면이 중복되기 쉽다. 아이들이 선호하는 장면이 비슷하기 때문이다. 게다가 선택하는 것보다 선택당하는 것이 긴장감과 기대감을 높여준다.

순서를 정한 후 모둠의 대표 한 명이 카드 한 장을 뽑는다. 각기 다른 장면의 삽화이기 때문에 만들 장면 또한 각기 다르다.

"먼저 등장인물의 배역을 정합니다. 배역이 모둠 인원보다 적으면 배경이나 소품을 연기합니다. 연기자는 최대한 삽화와 비슷하게 표정과 동작을 합니다."

모둠으로 돌아간 아이는 친구들에게 삽화를 보여준다. 모둠별로 삽화에 맞게 배역을 정하고 장면을 연습한다.

"어떤 장면인지 다른 모둠에서 모르게 연습합니다. 장면 연기가 끝나면 다른 모둠은 어떤 장면인지 맞혀야 합니다."

장면 만들기 활동에 놀이를 추가한다. 연기한 장면을 다른 모둠에서 맞혀야 한다. 별것 아닌 활동이지만 효과는 의외로 좋다. 경쟁 요소가 추가돼 학생들을 집중하게 한다.

"선생님, 우리가 장면을 선택하면 안 돼요?"

마음에 들지 않는 삽화를 선택한 경험이 있는 아이들이었다. 같은 활동을 몇 번 하다 보면 자연스럽게 이런 반응이 나온다. 그럴 때는 굳이 뽑는 방법을 고집할 필요는 없다. 직접 선택하게 한다. 같은 장면이 나오더라도 괜찮다. 장면을 뽑게 했던 이유가 학생들이 활동에 능동적으로 참여하도록 하기 위해서였기 때문이다. 이런 경우라면 아이들은 이미 활동에 능동적으로 참여하고 있는 것이기에 굳이 특정 방법을 고집할 필요가 없다.

다양한 장면을 만들고 싶다면 눈치 게임 요소를 넣어 활동을 진행한다. 방법은 간단하다. 선택 기준을 주고 그중에서 마음에 드는 카드 3장을 선택하게 한다.

"삽화를 선택하는 기준은 다른 모둠에서 선택하지 않을 것 같은 장면입니다."

선택한 카드의 장면별로 배역을 나누고 장면 만들기 연습을 한다. 정해진 시간이 끝나면 순서에 따라 연습한 장면을 연기한다.

"활동 순서에 따라 돌아가며 한 장면씩 연기합니다. 앞에서 나온 장면은 연기할 수 없습니다. 더 연기할 장면이 없으면 탈락하게 됩니다."

모둠의 수가 많은 경우, 순서가 느린 모둠은 한 번도 연기를 못하는 경우도 생긴다. 이런 경험은 다음 활동에 도움이 된다. 아무것도 못하고 탈락하지 않기 위해 장면을 선정하는 데 신중해진다. 선정에 신중해지면 자연스럽게 사건의 흐름을 정리하는 시간 또한 늘어난다.

정지 동작으로 삽화 이외의 장면 만들기

동화책은 그림책과 달리 삽화보다는 글 자체에 중심을 둔다. 따라서 중요한 장면이라도 반드시 삽화를 사용하지는 않는다. 이러한 이유에서 동화로 장면 만들기를 할 때는 삽화만으로는 활동의 온전한 목적을 달성하기 어렵다. 따라서 삽화 이외의 장면으로도 활동이 되어야 한다.

동화와 같이 글 중심의 텍스트로 장면 만들기를 할 때는 분량 조절에 신경을 써야 한다. 분량이 너무 많으면 이전 내용을 잊어버리는 경우가 많다. 그래서 끝부분에서 장면을 선택하는 게 대부분이다. 장면을 선택하는 데도 시간이 걸린다. 반대로, 범위가 좁으면 장면이 겹치기 쉽다. 겹치는 장면이 많을수록 활동의 재미가 반감된다.

"삽화의 장면을 제외하고 각 장에서 인상적인 장면을 하나씩 선택합니다."

각자 장면을 선택했으면 모둠 활동을 한다. 친구들과 선택한 장면과 선택의 이유를 이야기한다. 이야기가 끝나면 정지 동작으로 표현했을 때 가장 재미있을 것 같은 장면 하나를 정해 동작으로 만든다.

"이미 앞에서 우리 장면이 나왔어요."

학급 학생 수가 많으면 장면이 겹치는 경우가 많아진다. 어쩌다 한 번이면 상관이 없지만 자주 반복되면 활동의 흥미가 떨어진다.

"각 모둠의 대표는 번호가 적혀 있는 쪽지 한 장을 뽑습니다."

뽑은 쪽지에 적힌 숫자에 해당하는 장을 연기한다. 개인과 모둠 활동으로 장면과 선택 이유에 대해 충분히 생각해 봤기 때문에 최종 장면은 놀이로 결정해도 좋다. 뽑기로 연기할 장면을 정하는 경우, 모둠 활동 과정에서 각 장에서 한 장면씩 선택하는 과정을 추가한다.

〈온 책 읽기 '정지 장면 만들기' 활동지(소인 수 학급용)〉

<table>
<tr><td colspan="2">온 책 읽기
『까칠한 아이』 세 번째 활동
(한 장면 정지 연극)</td><td>6학년 1반 (　)번
이름 (　　　　)</td></tr>
<tr><td colspan="3">(개인 활동) '1장 바라던 순간'에서 가장 인상적인 장면 하나를 적으세요.</td></tr>
<tr><td colspan="3">(개인 활동) '2장 첫 만남'에서 가장 인상적인 장면 하나를 적으세요.</td></tr>
<tr><td colspan="3">(개인 활동) '3장 어이없게 날아간 자유'에서 가장 인상적인 장면 하나를 적으세요.</td></tr>
<tr><td colspan="3">(모둠 활동) 선택한 사건과 선택한 이유를 친구들과 이야기해 봅시다. 친구들과 정지 장면으로 만들면 좋을 것 같은 사건 하나를 정해봅시다.</td></tr>
<tr><td colspan="3">우리가 선택한 장면은 ______________________________ 입니다.</td></tr>
<tr><td colspan="3">(모둠 활동) 선택한 사건을 바탕으로 정지 장면을 만들어봅시다.</td></tr>
<tr><td>등장인물</td><td colspan="2"></td></tr>
<tr><td>내 역할</td><td colspan="2"></td></tr>
<tr><td>인물의 동작</td><td colspan="2"></td></tr>
<tr><td>인물의 감정</td><td colspan="2"></td></tr>
<tr><td>인물의 대사</td><td colspan="2"></td></tr>
<tr><td>인물의 표정</td><td colspan="2"></td></tr>
</table>

〈온 책 읽기 '정지 장면 만들기' 활동지(다인 수 학급용)〉

온 책 읽기 『까칠한 아이』 세 번째 활동 (한 장면 정지 연극)	6학년 1반 ( )번 이름 ( )
(개인 활동) '1장 바라던 순간'에서 가장 인상적인 장면 하나를 적으세요.	
(개인 활동) '2장 첫 만남'에서 가장 인상적인 장면 하나를 적으세요.	
(개인 활동) '3장 어이없게 날아간 자유'에서 가장 인상적인 장면 하나를 적으세요.	
(모둠 활동) 친구들과 정지 동작으로 만들면 재미있을 것 같은 장면 하나를 장별로 정해봅시다. 최종 연기할 장면은 뽑기 놀이로 결정합니다.	
1장에서 우리가 선택한 장면은 ______________________ 입니다.	
2장에서 우리가 선택한 장면은 ______________________ 입니다.	
3장에서 우리가 선택한 장면은 ______________________ 입니다.	
(모둠 활동) 선택한 사건을 바탕으로 정지 장면을 만들어봅시다.	

Chapter	1장	2장	3장
등장인물			
나의 배역			
인물의 동작			
인물의 감정			
인물의 대사			
인물의 표정			

정지 동작 보태기

설명을 위해 편의상 분류할 뿐 '정지 동작 보태기'도 '정지 장면 만들기' 활동의 하나이다.

'정지 장면 만들기'는 연기자가 한꺼번에 장면을 만든다. 이에 반해, '정지 동작 보태기'는 한 사람씩 동작을 쌓아 하나의 장면을 만든다. '정지 장면 만들기'는 배역, 동작, 3초 연기를 사전에 정하지만 '정지 동작 보태기'는 연기 순서만 정한다. 장면이 결정되면 상의 없이 한 사람씩 정지 동작을 쌓아 장면을 완성한다.

'정지 동작 보태기'는 내용을 충분히 이해한 후 진행돼야 한다. 내용을 정확히 이해하지 못하면 장면 만들기가 쉽지 않다. 그래서 '정지 장면 만들기' 활동보다 훨씬 큰 즉흥성과 표현력이 요구된다. 그만큼 어려운 활동이지만 아이들은 훨씬 더 즐거워한다. 활동에 놀이의 요소가 포함되어 있기 때문이다.

마지막 연기자의 동작 쌓기가 끝나면 '땡' 활동을 한다. 순서는 동작을 쌓은 역순으로 진행된다. 그래야 역할을 겹치지 않게 연기했는지 확인할 수 있다.

"연기한 배역이 장면에서 했던 말과 행동을 하면 됩니다."

장면을 알고 있으면 단번에 성공할 것 같지만 그렇지 않다. 내용을 온전히 이해하지 못하면 몇 번의 수정 과정을 거쳐야 한다. 장면 만들기에 실패하면 내용을 이야기할 시간을 준다.

"10초 동안 장면의 내용을 함께 이야기합니다. 어떤 일이 있었는지, 장면에서 인물은 어떤 말과 행동을 했는지를 구체적으로 이야기해 봅시다."

보통 이런 수정 과정을 몇 번 거쳐야 활동이 마무리된다. 특히 내용에 등장하는 인물이 적거나 등장인물의 말과 행동이 구체적이지 않았다면 더더욱 그렇다. 내용을 온전히 이해하지 못했다면 '했을 것 같은 말이나 행동'을 상상하기가 쉽지 않기 때문이다.

삽화를 활용한 동작 보태기

삽화 하나를 일정 시간 동안 보여준다. 시간은 길지 않아야 한다. 시간이 지나면 상의 없이 장면을 만들게 한다. 삽화에서 본 장면을 그대로 만들어야 한다. 마지막 연기자까지 동작을 쌓으면 '땡' 활동을 한다.

"자신이 연기한 인물의 3초 연기를 해주시면 됩니다. 연기가 끝나면 연기한 인물의 이름을 말씀해 주세요."

동작을 쌓은 역순으로 활동을 진행한다. 삽화를 보고 했으니 활동이 금방 끝날 것 같지만 그렇지 않다. 3초 연기를 해야 하니 등장인물이 어떤 말과 행동을 했는지도 알아야 한다. 장면에 등장하는 인물이 연기할 사람보다 적으면 내용을 바탕으로 가상 인물 또는 배경을 생각해 내야 한다. 게다가 '했을 것 같은 말이나 행동'도 추론해야 한다. 단번에 성공하기가 쉽지 않다.

"동작을 정확하게 표현합니다. 그래야 다음 연기자들이 어떤 배역을 연기할지 결정할 수 있습니다."

내용을 완벽히 알고 있다 하더라도 동작을 정확히 해야 한다. 정확히 표현하지 않으면 같은 인물을 연기하는 경우가 종종 발생한다. 그래서 활동 전에 동작 표현에 대한 안내가 필요하다.

"앞 친구의 동작을 주의 깊게 살펴 어떤 인물을 연기하는지 빠르게 추론해야 합니다. 특정 인물을 미리 정해놓고 연기하면 안 됩니다. 인물 대신 장면을 머릿속에 그려보면서 즉흥적으로 동작을 쌓아 장면을 만들어봅시다."

앞 친구의 연기를 관찰하지 않거나 인물을 미리 정해놓는 아이들이 생각보다 많다. 그렇기에 활동 전에 이에 대한 안내가 꼭 있어야 한다.

"수정 활동 시간에 연기 순서를 바꿀 수 있습니다."

동작을 쌓는 연기 순서는 바꿀 수 있게 한다. 짧은 시간 안에 내용을 완벽히 이해하기가 쉽지 않다. 완벽히 이해하기가 어렵다면 작은 부분부터 이해하게 한다. 순서를 바꿔 친구가 연기했던 인물의 말과 동작을 그대로 따라 한다. 거기에 친구들이 쌓는 동작과 하는 말을 관찰하게 한다. 이렇게 작은 부분들을 통해 전체를 이해하는 것도 나쁜 선택은 아니다.

활동을 좀 더 재미있게 하려면 삽화를 대표 한 사람에게만 보여준다. 어렵지만 그만큼 재미있어진다. 답답해 하는 연기자의 모습은 연기자와 관객 모두를 웃게 한다. 그래서 다른 친구들의 연기를 더 집중해서 보고 자신도 더 정확한 표현으로 연기하려고 노력한다.

〈활동 난이도 조절에 관한 팁〉

1. '장면 보태기 활동' 전에 삽화를 활용해 이야기의 내용을 정리하는 시간을 갖는다.
2. 첫 연기자는 장면을 대표하는 인물을 선택해 연기한다.
3. 장면 만들기에 실패한 경우, 특정 인물의 말과 행동보다는 장면의 내용을 구체적으로 이야기 나눈다.

임의의 상황으로 장면 동작 보태기

모둠별로 이야기를 간추려 내용을 정리한다. 정리가 끝나면 모둠별로 범위(Chapter)를 정해준다. 모둠별로 정해진 범위 안에서 중요한 사건 2개를 정한다. 가장 중요한 사건 하나와 재미있게 표현할 수 있는 장면 하나를 선택해 쪽지에 적는다.

선택이 끝나면 모둠 대표가 나와 장면이 적힌 쪽지 한 장을 뽑는다. 쪽지의 내용을 볼 대상의 범위는 활동의 목적과 학급 수준에 맞춰 융통성 있게 결정한다. 대개 모둠 전체가 내용을 확인하게 하지만 상황에 따라 제한적으로 공개해 활동을 진행한다.

모둠 토의

대표 2인 방식의 동작 보태기 활동

인과관계에 따른 장면 만들기

편의상 분류할 뿐 '인과관계에 따른 장면 만들기' 역시 정지 장면 만들기 활동의 하나이다. 활동 방법도 연기할 장면이 3개라는 점만 다를 뿐 운영 과정에서는 차이가 없다.

활동 과정은 간단하다. 먼저, 이야기에서 인상적인 장면 하나를 선택한다. 선택한 사건은 중심에 놓고 그 사건의 원인 사건과 그 사건 때문에 벌어지는 결과 사건을 앞뒤로 배치한다.

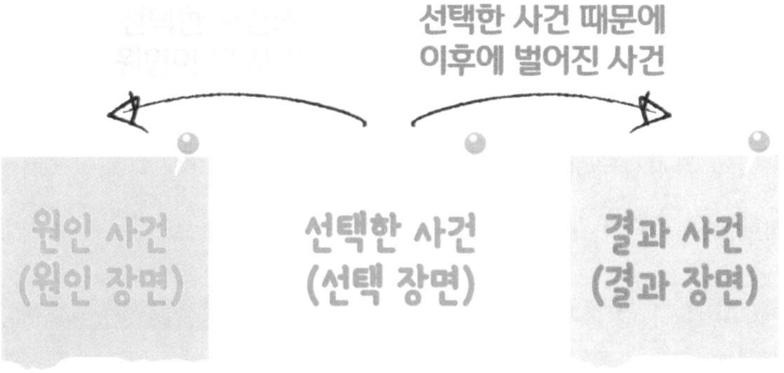

세 장면을 연결하는 방법은 '안내'와 '해설' 두 가지가 있다. 안내는 간단하다. '땡'을 다섯 번 하면 된다.

첫 번째 장면의 정지 동작으로 연기가 시작한다. '땡' 소리에 맞춰 3초 연기를 한다. 자신의 3초 연기가 끝나면 마지막 동작으로 정지한다. 두 번째 '땡' 소리에 맞춰 두 번째 정지 동작을 취한다. 이동은 빠르고 동작은 정확하게 한다. 같은 방법으로 다섯 번째까지 '땡' 활동을 한다.

'땡'은 말, 종, 리듬막대(클라베), 싱잉볼 등을 사용한다. 그중에서 리듬막대를 사용하는 걸 추천한다. 소리가 순간적이라 속도감 있게 장면 전환을 할 수 있다.

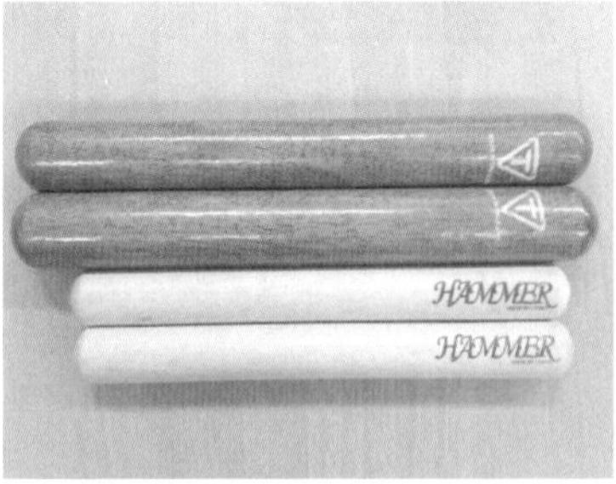

리듬막대, 클라베

명상 종, 싱잉볼

세 장면을 연결하는 두 번째 방법은 해설이다. 해설은 이야기를 주요 사건으로 요약한다. 요약한 내용을 한 명의 해설가가 읽으면 나머지 친구들은 해설에 맞는 정지 동작과 3초 연기를 한다.

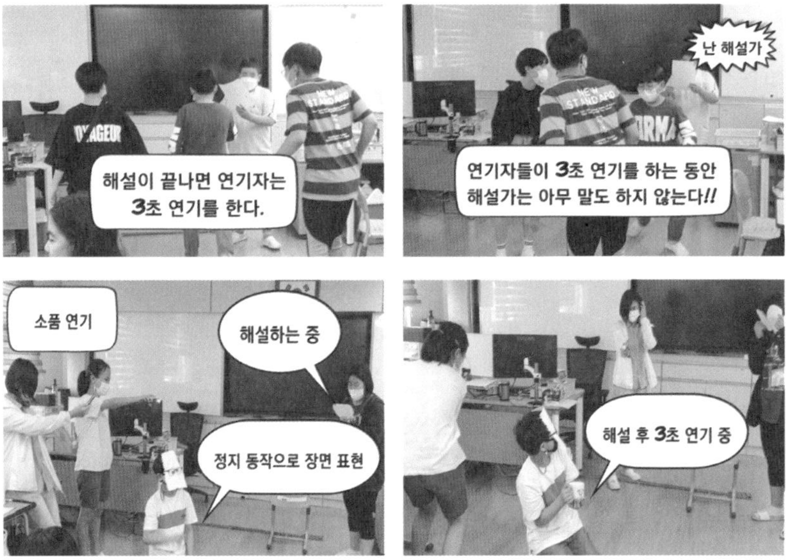

해설하는 동안에는 연기자는 '정지 동작'을 한다. 3초 연기를 하는 동안에는 해설가는 아무 말도 하지 않는다. 처음 활동을 진행할 때는 교사가 해설가가 되어 시범을 보이는 것이 좋다. 몇 번 정도 활동을 한 후에는 모둠에서 해설가를 정해 운영한다.

〈'해설이 있는 정지 장면 만들기' 활동 예시〉

온 책 읽기

정지 동작으로 세 장면 만들기(해설이 있는 정지 장면)

1. 정지 동작으로 만들어본 가장 인상적인 장면의 전·후 장면을 만들어봅시다.

	첫 번째 장면	두 번째 장면	세 번째 장면
사건 요약			
등장인물			
내 배역			
인물의 감정			
말과 행동			

2. 정지 장면의 사건을 간단히 소개하는 글을 적어봅시다.

	장면을 소개하는 글(해설)
첫 번째 장면	
두 번째 장면	
세 번째 장면	

타블로 기법을 활용한 수업

첫 번째 수업

1. 단원: 독서 단원 「책을 읽고 생각을 넓혀요」
2. 활용한 책: 『까칠한 아이』
3. 단원 성취기준
   가. 6국05-05. 작품에 대한 이해와 감상을 바탕으로 하여 다른 사람과 적극적으로 소통할 수 있다.
   나. 6국05-04. 일상생활의 경험을 이야기나 극의 형식으로 표현한다.
4. 차시 학습 목표
   가. 책 내용을 간추리고 생각을 나눌 수 있다.
   나. 일상 경험을 극으로 표현할 수 있다.

〈도입〉 '찾아라, 찾았다!' 놀이

'찾아라, 찾았다!' 놀이로 도입 활동을 한다. 제공하는 단어 리스트는 이야기 내용의 주요 사건을 활용한다. 단어는 교사가 선별해 제공하거나 학생들이 제시된 사건에서 선별한다.

놀이에 사용할 단어를 정해 활동지에 적는다. 친구와 활동지를 교환해 순서에 따라 놀이한다. 임의의 단어를 부르고 친구들이 단어를 찾아 '찾았다'라고 말할 때까지 빈칸에 ○ 표시한다.

찾아라 찾았다 놀이에 사용할 단어 리스트

주요 사건	중심 단어
겨울날 추위와 배고픔에 지친 엄마는 헛간으로 숨어들어가 우리 오남매를 낳았다.	겨울, 추위, 배고픔, 엄마, 헛간, 오남매, 낳음
할머니는 우리를 가엽게 여겨 먹을 것과 쉴 곳을 주었다.	할머니, 우리, 가엽다, 먹을것, 쉴 곳
첫째 오빠부터 차례차례 자신이 가고 싶은 곳을 찾아 집을 떠나다.	첫째, 오빠, 차례차례, 가고 싶은 곳, 집
마음이 끌리는 도시로 떠나기 위해 막내에게 작별 인사를 하고 집을 떠나다.	마음, 끌리다. 도시, 막내, 작별 인사
골목을 지나 큰길을 가던 중 요란한 소리를 내던 큰 차가 무서워 다시 집으로 돌아오다.	골목, 큰길, 요란한 소리, 큰 차, 무서움, 돌아옴
할머니가 멸치로 나를 유혹하더니 목을 잡아 종이 상자에 넣어버렸다.	할머니, 멸치, 유혹, 목, 종이 상자, 넣음
종이 상자에 넣어진 나는 아주머니의 차를 타고 낯선 냄새와 낯선 소리가 나는 곳으로 가게 되었다.	아주머니, 차, 낯선 냄새, 낯선 소리

'까칠한 아이 2차시' 찾아라! 찾았다! 놀이

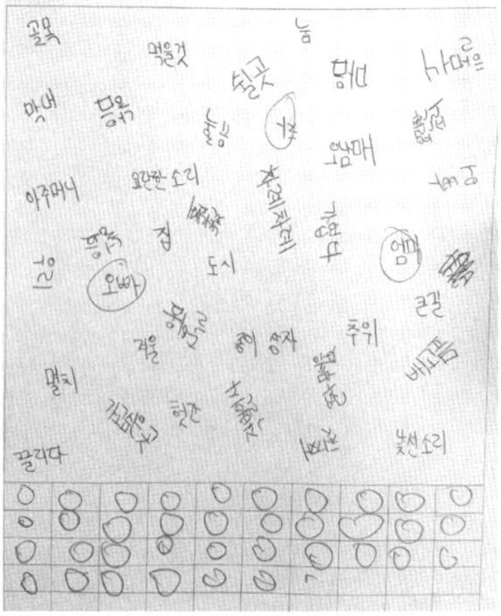

정지 장면 만들기 활동은 내용의 흐름을 아는 것에서 시작한다. 놀이를 통해 사건의 흐름을 자연스럽게 정리할 수 있게 된다.

〈전개〉 인상적인 장면 선정하기

이야기에서 인상적인 장면을 정하고 장면에 맞게 배역을 정한다. 등장인물이 모둠원 수보다 적으면 돌, 구름 등의 배경이나 책상, 의자 등과 같은 소품을 연기한다. 배역이 결정되면 각자 역할에 맞는 정지 동작과 3초 연기를 준비한다.

모든 연기는 텍스트의 내용을 바탕으로 한다. 배경이나 소품을 연기하는 사람 또한 마찬가지이다. 대사와 동작은 텍스트의 내용을 바탕으로 한다. 인물의 대사와 동작을 결정했으면 장면에 맞는지 반드시 모둠 친구들과 이야기 나눠본다.

배역과 개인 동작이 결정되었으면 모둠 친구들과 장면을 연습한다. 모둠에서 한 명은 연출가가 되어 친구들의 표정과 몸짓을 관찰하고 조언한다. 연출가는 연습 시간 동안 모든 연기자의 정지 동작과 3초 연기를 확인하고 수정한다.

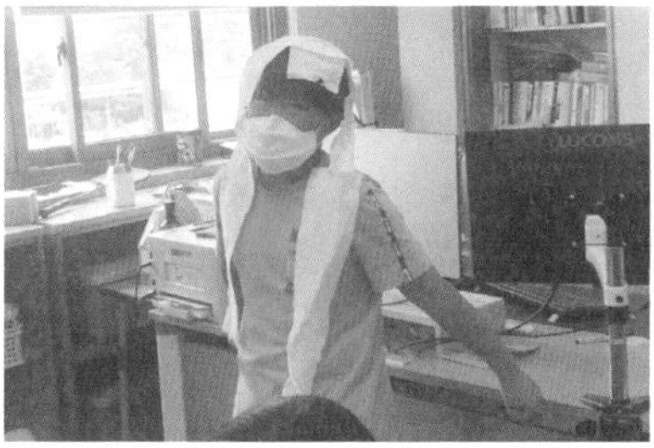

연기자는 정지 동작과 3초 연기에 필요한 동작을 연습한다.

연출가는 인물의 표정과 몸짓, 대사와 동작, 동선을 확인한다.

연습이 끝나면 모둠별로 장면을 연기한다. 정지 동작으로 장면을 표현하면 다른 모둠은 어떤 상황인지를 알아맞혀야 한다. 이 활동을 통해 학생들은 연기와 관람에 더 집중하게 된다.

개인 땡 활동

"어떤 친구의 3초 연기를 보고 싶나요?"

지목된 학생을 가볍게 터치한다. 터치된 사람은 3초 연기를 한다.

"어떤 장면인 것 같나요?"

"잘 모르겠어요."

한 명만으로는 어떤 장면인지 알기 어렵다. 그런 때는 '땡' 활동을 추가한다. 어떤 장면인지 말할 기회는 모둠당 한 번만 준다. 그래야 성급하게 답을 말하지 않고 친구들과 상의해서 답을 말한다.

전체 땡 활동

정답이 나오면 전체 연기자의 '땡' 활동으로 답을 확인한다. 3초 연기가 끝나면 자연스러운 동작으로 정지한다.

"지금 기분은 어떤가요? 왜 그런 기분이 들었나요?"

"지금 지현이에게 가장 하고 싶은 말은 무엇인가요?"

정지 동작을 취하고 있는 한 연기자와 심층 인터뷰를 진행한다. 인터뷰를 통해 인물의 감정과 이유 등을 확인하고 인물을 더 깊게 이해할 수 있게 된다.

장면 확대하기

선택한 장면의 원인 장면과 결과 장면을 추가한다.

"선택한 장면이 일어나게 된 원인을 생각해 봅시다. 원인이 되는 장면을 정지 동작으로 만들어봅시다."

이전 장면에 같은 등장인물이 있으면 배역을 바꾸지 않도록 안내한다. 장면의 연결도 편하고 연기의 몰입에도 좋다.

"이번에는 여러분이 선택한 장면 때문에 벌어지게 된 이후의 사건을 장면으로 만들어봅시다."

세 장면 만들기 활동에 익숙하지 않을 때는 한 장면씩 나눠서 진행한다. 세 번의 장면 만들기 활동이 끝나면 3개의 장면을 연결하는 활동을 한다. 연결은 '장면의 정지 동작—3초 연기—마지막 동작으로 정지' 순으로 한다. 리듬 막대를 사용해 부분과 부분을 자연스럽게 연결해 준다.

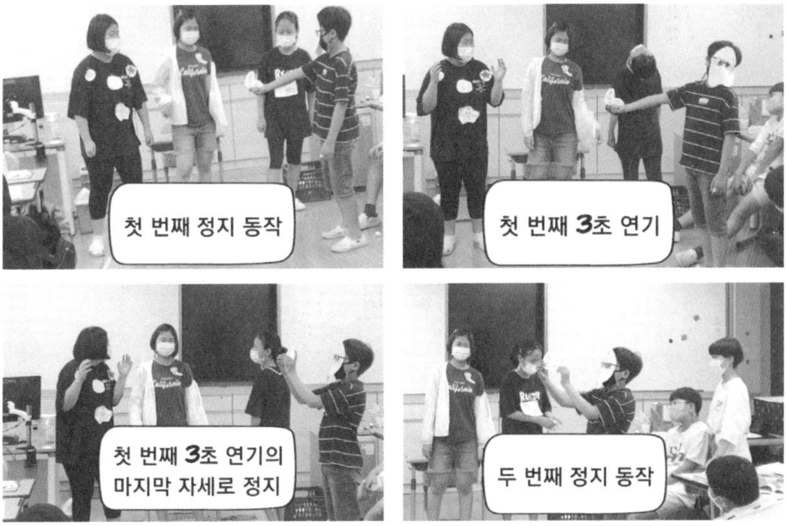

처음에는 우왕좌왕하는 모습을 보이지만 아이들은 점점 활동에 익숙해진다. 활동이 진행될수록 정지 동작과 3초 연기의 연결이 자연스러워진다. 연결이 자연스러워지니 활동에 속도가 붙고 관객들은 친구들의 연기에 더 집중하게 된다.

〈마무리〉 활동 소감 나누기

"누구인지 알기 어려웠어요."

"무슨 동작인지 알기 어려웠어요."

재미있다는 반응만큼 동작 표현에 대한 아쉬움을 토로하는 아이들도 많았다.

"지현이는 그 장면에서 이런 동작을 해야 하는 거 아니에요?"

특히나 놀이처럼 진행했던 개인 땡 활동에 대한 불만과 아쉬움이 많았다.

"그럼 정지 동작으로 장면을 표현할 때 어떻게 하는 게 좋을까요?"

아이들의 불만과 아쉬움을 근거로 피드백 활동을 한다. 당연히 아이들은 정답을 이야기했다. 직접 활동하며 느끼고 알게 된 내용이니 당연한 결과였다.

두 번째 수업

1. 단원: 독서 단원「책을 읽고 생각을 넓혀요」/ 체육. 표현 단원
2. 활용한 책: 『까칠한 아이』
3. 단원 성취기준
   가. 6국05-05. 작품에 대한 이해와 감상을 바탕으로 하여 다른 사람과 적극적으로 소통한다.
   나. 6체04-07. 주제 표현 활동을 하는 데 필요한 다양한 표현 방법으로 개인 또는 모둠별로 작품을 창의적으로 구성하여 발표하고 이를 감상한다.
4. 차시 학습 목표
   가. 책을 깊이 있게 읽을 수 있다.
   나. 이야기를 정지 동작으로 만들어 발표할 수 있다.
   다. 주제 표현의 구성 원리에 따른 표현 요소를 이해할 수 있다.

〈도입〉 찰흙과 조각가

찰흙과 조각가 놀이로 도입 활동을 한다. 지난 활동에서 느꼈던 불만과 아쉬움을 해소하기 위해서였다. 놀이를 통해 표현 활동에서 세부표현이 얼마나 중요한지를 다시 한 번 생각하게 해준다.

놀이의 짝은 동성 친구로 한다. 고학년의 아이들은 누가 내 몸을 만지는 걸 싫어한다. 특히 이성이면 더더욱 그렇다.

"가위바위보로 찰흙과 조각가를 결정하도록 하겠습니다. 이긴 사람은 조각가, 진 사람은 찰흙이 됩니다."

가위바위보에서 이긴 아이들은 좋아서, 진 아이들은 아쉬움에 난리가 난다.

"찰흙은 절대 움직이지 않습니다. 오직 조각가의 손길에 의해서만 움직일 수 있습니다. 조각가도 찰흙을 조심스럽게 다뤄야 합니다. 함부로 만지면 찰흙이 부서질 수 있습니다. 재료를 소중히 다뤄가며 작품을 만드는 예술가처럼 활동해 주세요."

조각가의 창작 활동이 끝나면 작품의 사진을 찍는다. 작품 사진을 찍은 후, 역할을 바꿔서 한 번 더 놀이한다. 놀이가 끝나면 찍어둔 사진으로 작품전을 진행한다.

"조각가의 의도를 들어보도록 하겠습니다."

조각가는 스크린 속 사진을 보며 자신의 의도를 설명한다. 조각가의 발표가 끝나면 아이들에게 어울리는 이름을 하나씩 말하게 한다. 조각가는 가장 마음에 드는 작품명 하나를 선정한다.

아이들은 작품의 이름을 짓는 활동을 무척이나 좋아한다. 번뜩이는 생각들이 많다. 작품의 이름 짓기 활동이 끝나면 간단한 질문으로 피드백 활동을 한다.

"여러분들이 더 나은 조각가가 되려면 앞으로 조각을 할 때, 어떤 점을 유의해야 할까요?"

"표정과 동작에 신경을 쓰며 작품을 만들어야 합니다."

놀이와 작품전은 이 답을 얻기 위해서였다. 비록 시간이 꽤 걸리긴 했지만 그 시간이 하나도 아깝지 않은 의미 있는 활동이 됐다.

〈전개〉 인상적인 장면 선정하기

"인물의 감정을 알려면 무엇에 주의하며 글을 읽어야 하나요?"

"인물의 말과 행동이요."

인물의 감정을 알 수 있는 말과 행동에 밑줄을 그으며 책을 읽는다. 개인 책 읽기 활동이 끝나면 찾은 부분을 모둠 친구들과 이야기 나눈다.

"밑줄 그은 말이나 행동에서 인물이 느낀 감정을 함께 이야기 나눠보세요."

모둠 활동 후, 밑줄 그은 말과 행동 중에서 가장 인상적인 하나를 골라 활동지에 적는다. 그 말(행동)을 했던 상황과 느꼈던 감정도 적는다. 다 적었으면 모둠 친구들과 자신이 선택한 말(행동)과 상황, 인물의 감정 등을 이야기 나눈다.

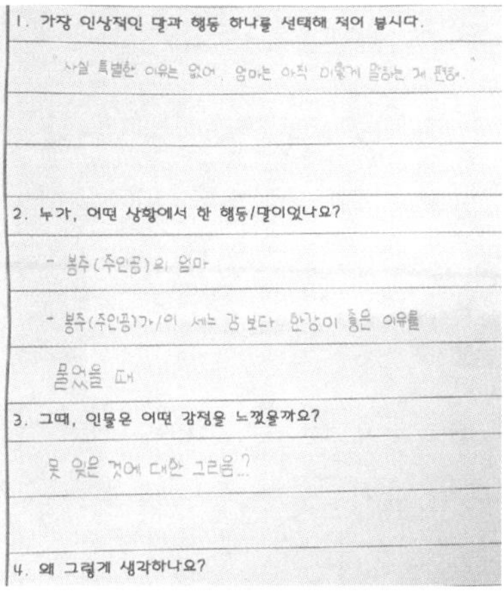
1. 가장 인상적인 말과 행동 하나를 선택해 적어 봅시다.

"사실 특별한 이유는 없어. 엄마는 아직 이렇게 말하는 게 편해."

2. 누가, 어떤 상황에서 한 행동/말이었나요?

- 봉주(주인공)와 엄마

- 봉주(주인공)가 '이 세느 강 보다 한강이 좋은 이유'를 물었을 때

3. 그때, 인물은 어떤 감정을 느꼈을까요?

못 잊은 것에 대한 그리움..?

4. 왜 그렇게 생각하나요?

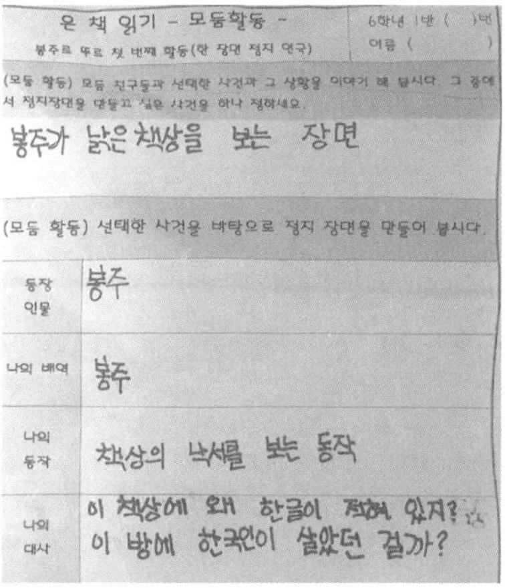
온 책 읽기 - 모둠활동 -

봉주르 뚜르 첫 번째 활동(한 장면 정지 연극)

6학년 1반 (　)번
이름 (　)

(모둠 활동) 모둠 친구들과 선택한 사건과 그 상황을 이야기 해 봅시다. 그 중에서 정지장면을 만들고 싶은 사건을 하나 정하세요.

봉주가 낡은 책상을 보는 장면

(모둠 활동) 선택한 사건을 바탕으로 정지 장면을 만들어 봅시다.

등장 인물	봉주
나의 배역	봉주
나의 동작	책상의 낙서를 보는 동작
나의 대사	이 책상에 왜 한글이 적혀 있지? 이 방에 한국인이 살았던 걸까?

모둠 친구들과 이야기 나누면서 가장 인상적인 말과 행동 하나를 정한다. 선택이 끝나면 그 말(행동)을 한 상황을 정지 동작으로 만든다. 여기에 정지 장면 만들기만으로는 조금 밋밋할 수 있어 활동 하나를 추가한다.

"장면에서 인물이 느낀 감정을 내 경험과 연결해 보겠습니다. 3초 연기 후 인물의 감정을 나도 느꼈던 순간을 떠올려 정지 동작으로 표현해 보겠습니다."

처음 하는 활동이라 말로는 설명이 어렵다. 이때 필요한 것은 교사의 시범이다.

"이 상황에서 인물이 느낀 감정은 무엇인가요?"

"서운함이요."

인물의 서운함을 느낀 상황을 정지 동작으로 표현한다. '땡' 소리에 맞춰 3초 연기를 한다. 연기가 끝나면 그대로 정지한다.

"땡."

3초 연기의 마지막 동작으로 정지해 있던 교사는 최근에 서운함을 느꼈던 순간을 정지 동작으로 표현한다.

"땡."

"야, 너는 요즘 왜 이렇게 전화를 안 받는 건데?"

최근 연락이 뜸한 친구에게 서운함을 느낀 상황을 3초 연기로 표현한다. 그제야 아이들이 활동 방법을 이해한다.

모둠에서 선택한 장면이 각기 달라 사용되는 감정도 다양했다. 아이들은 내 감정을 표현하는 활동을 무척이나 즐거워한다.

〈마무리〉 부정적인 감정을 줄이는 나만의 방법

어느 모둠이 인물이 화가 난 상황을 정지 장면으로 표현했다. 아이들은 '땡' 활동에서 자신의 화가 난 순간을 정지 동작으로 표현한다.

"땡."

3초 연기를 마친 아이 중 한 명과 인터뷰 활동을 한다.

“지금 무슨 상황인가요?”

“동생을 때리고 욕을 하고 있어요.”

“왜 이렇게 했나요?”

“제 물건을 허락도 없이 마음대로 사용했어요.”

평상시에도 친구들에게 욕을 자주 하는 아이였다. 연극 활동에서 아이들의 표현은 있는 그대로 인정해 주어야 한다. 옳고 그름에 평가를 해서는 안 된다. 하지만 이번 경우처럼 예외는 언제나 존재한다. 예정에 없는 활동을 추가해 그 아이가 자신의 행동을 스스로 돌아보게 한다.

“화가 났을 때, 화의 크기를 줄일 수 있는 나만의 방법을 정지 동작으로 표현해 봅시다.”

화가 났을 때 다른 사람은 어떻게 행동하는지 보라는 뜻이었다. 화가 난다고 모두 욕을 하거나 때리지 않는다는 걸 알라는 의미도 있었다.

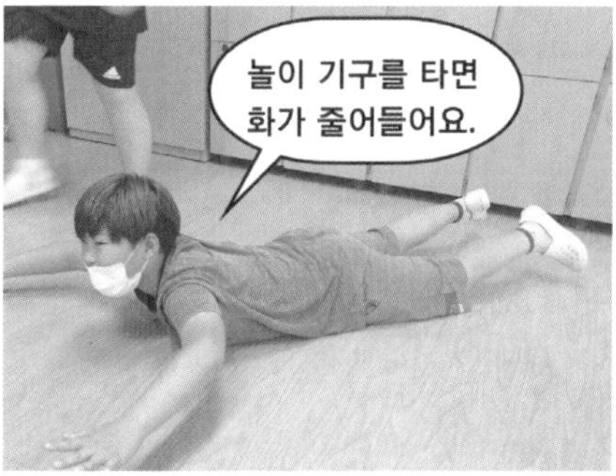

아이들은 각자 나만의 방법을 자연스럽게 연기했다. 현실적이고 그럴듯한 방법이 많았다.

“화가 났을 때, 싸우거나 상처 주는 말 대신 내가 좋아하는 것을 하면 어떨까요? 그런 긍정의 방법으로도 충분히 화를 줄일 수 있어요.”

활동이 결국 잔소리로 끝났지만 추가 활동에 대한 반응은 나쁘지는 않았다. 어쩌면 우리의 경험을 이야기하고 그 결과를 스스로 결정하게 해서는 아니었을까 하고 생각한다.

〈추가 활동〉 감정 그림책 만들기

이전 활동을 그냥 흘려버리기가 너무 아까웠다. 아이들이 동작으로 표현한 감정의 순간과 화를 줄이는 방법을 하나의 이야기 안에 녹여 책으로 만들면 좋겠다는 생각이 들었다.

먼저 말판 놀이로 이야기의 주인공을 정한다. 그리고 '내가 화가 나는 순간'이 담긴 사진을 보여준다. 그중에서 이야기가 될 만한 몇 개를 선택한다.

"이런 일을 연달아 겪은 주인공은 어떻게 행동했을까?"

"그때 주인공의 마음은 어땠을까?"

"어떻게 주인공의 부정적인 감정이 사라지게 됐을까?"

"이야기는 어떻게 끝이 났을까?"

몇 가지 질문을 던져주고 아이들에게 이야기를 완성해 보게 했다. 자신들의 경험이기 때문에 인물에게 공감하는 깊이도 달랐다. 부정적인 감정을 해결하는 방법 또한 자신들의 경험을 녹여 이야기의 내용을 완성한다. 서로 소통하며 방법을 찾았기에 내용이 산으로 가는 일도 없다.

세 번째 수업

1. 단원: 독서 단원 「책을 읽고 생각을 넓혀요」

2. 활용한 책: 『까칠한 아이』

3. 단원 성취기준

   가. 6국02-02. 글의 구조를 고려하여 글 전체의 내용을 요약한다.

   나. 6국05-04. 일상생활의 경험을 이야기나 극의 형식으로 표현한다.

4. 차시 학습 목표

   가. 이야기를 읽고 요약할 수 있다.

   나. 일상 경험을 극본으로 표현할 수 있다.

〈도입〉 '환상의 커플'과 '골든벨' 놀이

'환상의 커플' 놀이로 동기유발 활동을 한다. 각 모둠의 대표 한 명은 가위바위보로 원하는 장을 선택한다.

"1모둠은 2장인 '첫 만남'에서 개인별로 질문 3개와 답을 포스트잇에 적습니다. 질문은 파란색 포스트잇에, 답은 노란색 포스트잇에 적습니다. 2모둠은 1장에서……."

문제는 선택한 장에서만 출제한다. 같은 질문은 만들 수 없어 친구들과 이야기를 나누며 문제를 만든다.

"선생님, 질문은 어떻게 적어요?"

"선생님, 이렇게 하는 게 맞아요?"

자세히 안내해도 물어보는 아이들이 있다.

"이야기의 3요소를 묻는 문제를 만들면 됩니다."

문제는 단답형으로 간단히 적을 수 있고 이야기의 3요소를 묻는 내용으로 만든다.

"냥이를 처음 본 지현이는 어떻게 행동했나요? 냥이는 어디에서 살고 싶어 했나요? 등과 같이 만들면 됩니다."

질문을 적은 포스트잇에는 모둠의 번호를 작게 적는다. 숫자를 적어야 우리 모둠에서 만든 문제를 뽑지 않는다. 답을 적는 포스트잇에는 모둠 숫자를 적지 않는다.

"질문과 답 포스트잇을 모두 찾은 사람은 자리에 앉습니다. 앉으면서 자신의 순서를 말합니다. 말한 숫자가 순위가 됩니다."

활동에 놀이 요소를 추가한다.

"앉은 순서가 빨라도 질문과 답이 맞지 않으면 마지막 순위로 밀려나게 됩니다."

놀이에만 너무 집중하지 않도록 유의사항도 안내한다. 그래야 질문과 답을 고를 때 한 번 더 생각한다. 마지막 남은 사람은 질문과 답이 맞지 않으면 그대로 자리에 앉는다. 맞지 않는 질문과 답으로 3세트를 맞출 필요가 없다.

"앉은 순서대로 찾은 질문과 답을 발표합니다. 발표자의 질문과 답이 맞지 않으면 손을 들고 먼저 질문의 답을 말하면 됩니다."

순위에 집착해 질문과 맞지 않는 답을 찾아 온 아이들이 종종 있다. 이런 경우 발표자의 순위를 정답을 말한 친구에게 넘겨준다. 내 순위가 더 높은 경우에는 앞 순위의 친구와 순위가 바뀐다. 내 순위가 높다고 안심하고 있을 수만은 없는 이유이다. 당연히 문제와 매칭되지 않는 답을 찾은 친구는 마지막 순위가 된다. 이렇게 몇 번 놀이하면 문제와 답을 꼼꼼히 읽어보려고 한다. 듣는 사람 또한 언제든 순위가 달라질 수 있어 질문과 답을 발표하는 활동에 적극적으로 참여한다.

활동이 끝나면 문제와 답 포스트잇을 수거한다. 수거한 포스트잇은 다음 시간에 사용한다. 문제 포스트잇으로 골든벨 활동, 답 포스트잇으로 스피드 퀴즈 활동을 한다.

반복만큼 좋은 학습은 없다. 같은 내용이라도 활동을 바꿔서 하면 지루함을 느끼지 않는다. 내용을 반복해 놀이하기 때문에 더 집중해서 문제를 만들고 발표자의 말에도 더 집중하려고 한다. 비단 온 책 읽기 활동뿐 아니라 모든 교과에서 꼭 알아야 할 내용이 있다면 다양한 놀이를 활용해 보길 추천하는 이유이다.

놀이는 보통 동기 유발 활동으로 생각되지만 어떻게 사용하느냐에 따라 충분히 훌륭한 메인 활동이 된다.

〈전개〉 정지 장면 만들기(한 장면 & 세 장면 만들기)

각 장에서 인상적인 장면을 하나씩 찾아본다. 각자 인상적인 장면을 찾았으면 친구들과 함께 모둠 활동을 한다.

"내가 찾은 장면과 선택 이유를 친구들과 이야기 나눠봅니다."

모둠 활동을 하며 각 장별로 인상적인 장면 하나씩을 정한다. 그렇게 장면을 결정했으면 간단한 놀이로 연기할 최종 장면을 결정한다. 다소 번거롭지만 이렇게 해야 모둠 활동에서 더 활발히 이루어진다.

연기할 장면이 결정되면 활동지에 선택한 장면을 일어나게 한 사건과 선택한 장면 때문에 벌어지게 되는 사건을 적는다.

선택한 장면이 일어나게 된 원인

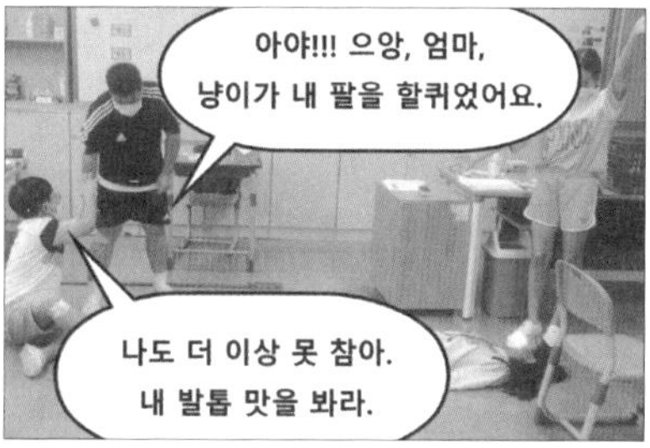

선택 장면 만들기

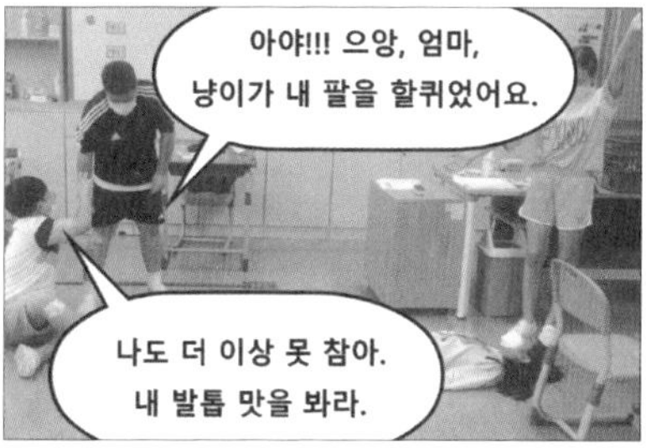

선택한 장면

선택 장면 때문에 벌어진 결과

앞에서 말한 것처럼 세 개의 정지 장면을 연결하는 방법에는 '땡'과 '해설'이 있다. 어떤 방법이든 좋다. 상황에 맞게 학생에게 활동의 주도권이 더 가는 방법을 선택한다. 고학년의 경우 모둠에서 해설가를 정해 활동하면 장면과 장면이 자연스럽게 연결된다.

해설을 활용한 장면 연결

〈인과관계를 생각한 세 장면 정지 연극 활동지〉

인과관계를 생각한 정지 장면 만들기			
(모둠 활동) 선택한 장면이 일어나게 된 원인 사건을 적어봅시다.			
(모둠 활동) 선택한 장면이 원인이 되어 일어난 사건을 적어봅시다.			
이전 장면과 선택한 장면, 이후의 장면을 정지 장면으로 만들어봅시다.			
	이전 사건	선택한 사건	이후의 사건
등장인물			
나의 배역			
인물의 동작			
인물의 감정			
인물의 대사			
인물의 표정			

〈마무리〉 활동 소감 나누기

아이들은 활동을 쉽고 재미있어했다. 다양한 활동이 많아서였다. 아이들은 놀이와 연극을 통해 이야기의 흐름을 온전히 이해했다. 이야기를 읽고 요약하는 차시 목표를 어렵지 않게 해결했다. 하지만 그것보다 중요한 건 아이들이 재미를 느끼고 능동적으로 활동에 참여했다는 점이다.

빈 의자 활동과 함께 하는 수업

빈 의자 활동이란

빈 의자 활동은 가상의 인물이 빈 의자에 앉아 있다는 전제로 활동을 진행한다. 의자에는 주로 작품 속 가상의 인물이 앉는다. 종종 과거의 인물이나 현실 가족, 친구 등의 실존 인물이 앉기도 한다.

빈 의자 활동에서 학생들은 가상의 인물에게 궁금한 점이나 하고 싶은 말을 한다. 따라서 빈 의자 활동의 성패는 상상력과 창의력에 의해 결정된다. 상상력으로 인물의 모습을 구체화하고 창의력으로 인물과의 관계를 쌓아간다. 이러한 과정을 통해 학생들은 인물을 깊이 있게 이해하고 공감하게 된다.

빈 의자 활동 방법

빈 의자 활동은 작품이나 현실의 다양한 인물을 대상으로 한다. 활동 방법은 의자에 앉은 사람에 따라 다소 차이가 있기는 하지만 대부분은 대동소이하게 운영된다.

활동 시작 안내

교사는 몇 가지 유의사항을 안내하며 활동을 시작한다. 특히 상상력과 창의적인 사고에 활동의 성패가 달려 있다는 것을 안내한다.

〈빈 의자 활동에 참여하는 나의 약속〉

1. 진지하게 활동에 참여한다.
2. 상상력과 창의력을 최대한 발휘한다.
3. 작품의 내용을 바탕으로 추론하고 활동한다.

가상의 인물 안내

학생들에게 가상의 인물을 소개한다. 학생들이 상황에 좀 더 몰입하도록 교사가 연기력을 발휘하면 좋다.

인물 안내는 교실 문을 여는 것에서부터 시작한다. 의자에 앉을 인물을 교실 밖에서 데려오는 것처럼 한다. 인물이 의자에 앉았다는 것이 안내되었으면 인물을 간단히 소개한다.

"오늘 여러분과 빈 의자 활동을 함께 할 ○○○입니다. 여러분도 아시다시피 ○○○은 △△△△에 등장하는 인물입니다."

인물 소개는 교사와 학생들의 성향에 맞게 한다. 과장해서 소개할 수도 담백하게 소개할 수도 있다. 장난스럽지만 않으면 어떤 방식이든 문제가 되지 않는다.

상상 질문을 통한 인물의 모습 구축

상상 질문을 활용해 인물의 모습을 구축한다.

"○○의 표정은 어떤가요?"

"○○은 어떤 옷을 입고 왔나요?"

질문을 활용해 막연한 인물의 모습을 구체적으로 상상하게 한다. 물론 모두가 상황에 몰입하지는 않는다.

"아무도 없는데요."

당황하지 않아야 한다. 사실 보이지 않는 대상을 보이지 않는다고 말하는 게 정상적인 반응이다.

그렇다면 이런 경우 어떻게 해야 할까? 방법은 간단하다. 못 들은 척하며 추가 질문을 하면 된다. 추가 질문을 통해 상황에 몰입하도록 만드는 것이다. 오고 가는 질문과 답의 수만큼 몰입하는 학생의 수도 늘어난다. 인간은 집단에 소속되길 원한다. 몰입하는 분위기만 조성되면 대부분은 자연스럽게 활동에 참여하게 된다.

추가 질문은 인물의 캐릭터를 구축하는 데도 도움이 된다. 여유가 있으면 '인물의 모습'을 친구들과 그려보게 한다.

모둠 친구들과 함께 인물이 어떤 모습일지 상상하며 이야기한다.

이야기한 내용에 맞게 '인물의 모습'을 그려본다.

인물에게 하고 싶은 말 하기

몰입하는 분위기가 형성됐으면 인물에게 하고 싶은 말을 적게 한다. 적는 내용은 작품을 읽으면서 들었던 생각이나 느낌을 바탕으로 한다. 글은 분량에 구애받지 않고 말을 하듯 자연스럽게 적는다.

글을 다 적었으면 한 사람씩 적은 내용을 읽는다. 읽은 후에는 포스트잇을 의자에 붙이고 온다.

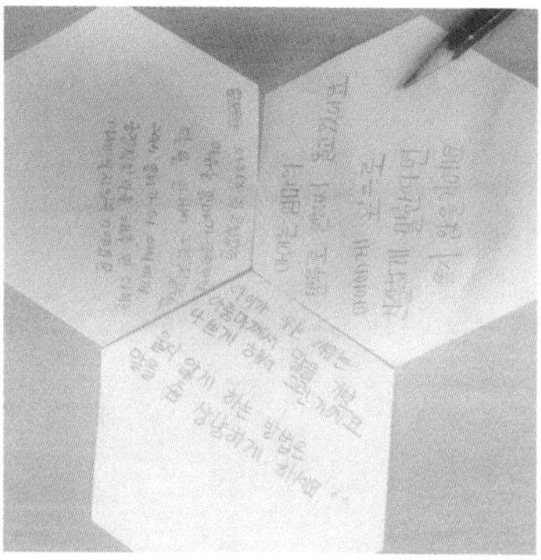

인물에게 하고 싶은 이야기를 적는다.

적은 내용을 한 사람씩 읽고, 포스트잇을 의자에 붙인다.

질문 대신 받기

“더 하고 싶은 이야기나 묻고 싶은 게 있나요?”

빈 의자 활동을 하다 보면 인물에게 궁금한 게 있는 학생이 있다. 이때, 교사의 역할이 필요하다.

“○○에게 괜찮은지 물어볼게요.”

이런 사소한 연기 하나가 아이들을 상황에 더 몰입하도록 한다. 그만큼 활동의 질도 높아진다.

“왜 거기서 그렇게 행동했어? 이렇게 하는 게 더 좋지 않았어?”

학생이 작품을 읽으면서 궁금했던 내용을 질문한다. 교사는 인물의 답을 전달받는 척 연기하며 질문의 답을 한다.

빈 의자에 앉은 대상 전환하기

주제에 따라 빈 의자 활동을 한 번 더 한다. 단, 의자에 앉는 대상을 현실 인물로 바꾼다. 나와 관계를 맺고 있는 인물이면 좋다. 그래야 더 몰입해서 활동에 참여한다. 활동 방법은 어렵지 않다. 가상의 인물에게 했던 말을 내용만 살짝 바꿔 현실 인물에게 하면 된다.

『틀려도 괜찮아』의 모모에게 했던 위로의 말을 나에게, 친구에게, 가족에게 한다. 『돼지책』의 엄마에게 했던 위로의 말을 내 엄마에게 하고, 아빠에게 했던 충고와 조언의 말을 내 아빠에게 한다. 『고함쟁이 엄마』와 『너 왜 울어?』의 엄마에게 할 수 있는 충고의 말을 내 엄마에게 한다. 나에게 상처를 주는 말을 하는 형제나 친구에게 한다. 『줄무늬가 생겼어요』의 카밀라에게 했던 위로의 말을 나에게, 조언의 말을 친구에게 할 수 있다.

그 외에도 수많은 작품으로 심화 활동을 할 수 있다. 심화 활동을 통해 현실 인물에게 그동안 하지 못했던 충고의 말과 용기의 말, 위로의 말 등을 건넬 수 있다. 얼굴을 마주하고서는 도저히 할 수 없던 말까지도 할 수 있다.

때로는 비난의 말과 욕을 할 수 있다. 그러한 말도 있는 그대로 인정해 주어야 한다. 가슴속 깊이 잠들어 있는 솔직한 감정을 꺼내놓아야 진짜 하고 싶었던 말과 마주할 수 있게 된다.

빈 의자 활동을 활용한 수업

첫 번째 수업

1. 단원: 독서 단원 「책을 읽고 생각을 넓혀요」
2. 활용한 책: 『까칠한 아이』
3. 단원 성취기준

   가. 6국05-05. 작품에 대한 이해와 감상을 바탕으로 하여 다른 사람과 적극적으로 소통할 수 있다.

   나. 6국01-06. 드러나지 않거나 생략된 내용을 추론하며 듣는다.

   다. 6국05-04. 일상생활의 경험을 이야기나 극의 형식으로 표현한다.
4. 차시 학습 목표

   가. 말이나 행동에서 드러나지 않은 내용을 짐작할 수 있다.

   나. 책 내용을 간추리고 생각을 나눌 수 있다.

   다. 일상 경험을 극으로 표현할 수 있다.

〈도입〉 '텔레파시 빙고' 놀이

"인물과 배경, 사건을 중심으로 작품을 읽어봅시다."

"텔레파시 빙고 놀이해요?"

텔레파시 빙고 놀이는 아이들을 더 집중하게 한다. 놀이의 승패가 선생님의 단어에 영향을 받기 때문이다. 선생님은 이야기의 3요소와 관련된 단어를 이야기하니 집중해서 글을 읽지 않을 수 없다.

"빈칸을 채우기 전에 모둠 친구들과 주요 사건 중심으로 내용을 이야기해 봅시다."

최종 순위는 모둠원의 점수를 전부 더해 결정된다. 내 점수만큼 친구의 점수가 중요하다. 그러니 모둠 활동에 열심히 참여할 수밖에 없다. 모둠 활동이 끝나면 각자 자신의 빙고판을 완성한다.

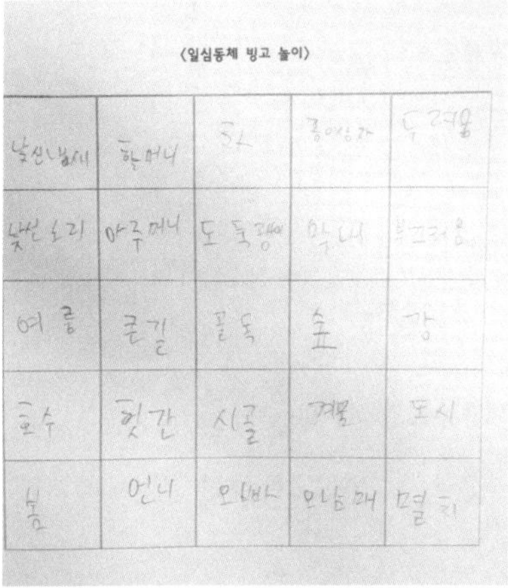

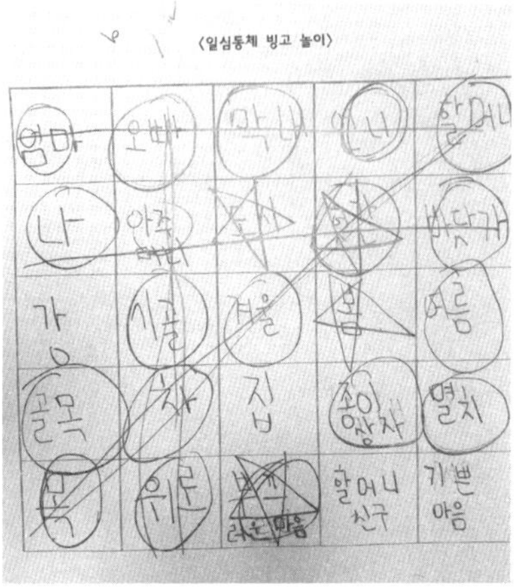

빙고는 3줄로 한다. 3줄 빙고가 되더라도 놀이에서 빠지지 않는다. 선생님이 부르는 단어가 칸에 있으면 ☆ 표시한다. ☆의 개수로 텔레파시 놀이의 순위가 결정된다. 최종 순위는 빙고 놀이와 텔레파시 놀이의 순위를 더해 결정된다.

〈전개〉 인물의 감정 파악과 인물의 모습 구체화

"이야기의 처음 사건부터 요약해서 이야기해 봅시다."

아이들은 어렵지 않게 사건을 요약해 말한다. 6학년이라 인과관계에 따라 사건을 자연스럽게 정리한다.

"그럼 이때, 냥이의 감정은 어땠을까?"

"화났어요."

"짜증 났어요."

지웅이가 냥이를 괴롭히는 장면이었다.

"지웅이는 왜 냥이를 괴롭혔을까?"

"같이 놀고 싶어서요."

"지웅이는 냥이와 같이 놀고 싶었던 것뿐인데, 정작 냥이는 짜증을 냈어요. 왜 그랬을까요?"

"냥이의 입장을 배려하지 않고, 지웅이 멋대로 하고 싶은 행동만 해서요."

질문을 통해 사건과 인물의 감정을 정리한다. 빈 의자 활동을 하기 위해서 꼭 필요한 사전활동이다. 이야기의 내용 정리가 끝나면 빈 의자 활동을 할 인물을 안내한다.

"오늘 빈 의자 활동을 할 인물은 지웅이입니다. 빈 의자 활동을 하기 전에 인물 캐릭터 만들기를 먼저 하겠습니다. 나눠 준 종이에 지웅이 캐릭터를 만들어보세요. 캐릭터 옆에는 지웅이의 성격, 평상시 자주 할 것 같은 말, 가족들 간의 관계 등을 상상해 적어보세요."

활동 시간은 15분 내외로 한다. 시간에 제한을 두어야 캐릭터 그리기에 많은 시간을 사용하지 않는다. 활동의 목적이 인물의 입체적인 성격을 파악하는 데 있기에 그리기에 많은 시간과 정성을 쏟을 필요가 없다. 모둠 활동을 할 때 각자 다른 색 펜을 사용하게 한다. 그래야 개인의 활동 참여 정도를 직관적으로 확인할 수 있다. 직관적인 확인은 교사뿐 아니라 학생들에게도 영향을 준다. 친구와 비교해 내가 적은 내용이 적으면 더 적으려고 노력한다. 이러한 노력은 모둠의 의사소통 활동으로 자연스럽게 연결된다.

캐릭터 만들기는 작품의 내용을 바탕으로 한다. 평소에 자주 할 것 같은 말과 행동도 내용을 바탕으로 한다. 모둠별로 추론한 내용(성격, 말과 행동 등)이 전혀 다르면 대화를 통해 인물의 캐릭터를 비슷하게 만드는 과정이 필요하다. 이 과정 또한 질문을 통해 학생들이 의견을 모아가도록 한다.

〈마무리〉 빈 의자 활동

캐릭터 만들기 활동과 모둠 발표가 끝나면 빈 의자 활동을 시작한다.

"왜 냥이가 자신과 놀아주지 않는지 모르고 있는 지웅이를 교실로 데려올 거요. 여러분이 해주고 싶은 말이나 질문을 생각해 지웅이에게 이야기하면 됩니다."

의자에는 지웅이 캐릭터가 앞뒤로 붙어 있다. 아이들은 지웅이에게 해주고 싶은 말이나 질문을 포스트잇에 적는다.

"적은 내용을 지웅이에게 들려주도록 하겠습니다. 여러분의 이야기를 잊지 말라는 의미에서 포스트잇을 캐릭터 종이에 붙여주세요."

인물의 캐릭터를 완벽히 파악하고 난 이후라 그런지 내용은 꽤 흥미로웠다. 경험을 담은 진지한 충고에서부터 그렇게 계속 행동하면 어떤 사람이 될 거라는 말까지 다양하고 재미있는 내용이 많았다.

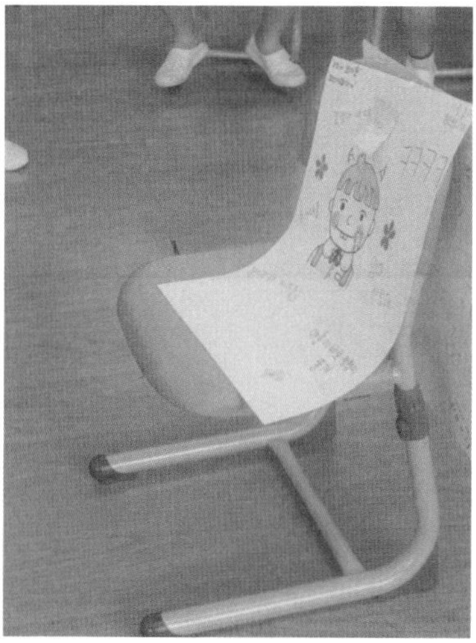

두 번째 수업

1. 단원: 6학년 1학기 9단원 「마음을 나누는 글을 써요」
2. 활용한 책: 『돼지책』
3. 단원 성취기준
   가. 6국05-05. 작품에 대한 이해와 감상을 바탕으로 하여 다른 사람과 적극적으로 소통할 수 있다.
   나. 6국05-01. 언어는 생각을 표현하며 다른 사람과 관계를 맺는 수단임을 이해

하고 국어생활을 한다.

다. 6국05-04. 일상생활의 경험을 이야기나 극의 형식으로 표현한다.

4. 차시 학습 목표

가. 책 내용을 간추리고 생각을 나눌 수 있다.

나. 일상 경험을 극으로 표현할 수 있다.

다. 마음을 나누는 글을 쓸 수 있다.

〈도입〉 '때려! 피해!' 놀이

고학년에서 그림책을 사용한 수업은 뭔가 달라야 한다. 의외로 그림책이 자기 수준보다 낮다고 생각하는 아이들이 많다. 『돼지책』처럼 여러 번 봤던 책이라면 더더욱 그렇다. 많이 알려진 그림책을 사용하는 수업이라면 도입부터 뭔가 달라야 한다.

"오늘 놀이 활동은 '때려! 피해!'입니다. 놀이를 위해 사용할 책은 『돼지책』입니다. 책을 읽는 동안 '엄마'가 나오면 여학생이, '피곳 씨'가 나오면 남학생이 짝을 때리면 됩니다."

지정 단어를 하나씩 정해주고 천천히 책의 내용을 읽는다. 아이들의 집중력은 극에 달한다. 글은 최대한 천천히 읽는다. 지정 단어가 나오는 순간에는 읽는 것을 멈춘다. 학생들은 때리고 피하느라 정신이 없어 아무 말도 들리지 않기 때문이다.

책을 다 읽으면 '내용 요약하기' 활동을 한다. 남학생과 여학생 한 명씩 지원자를 받아 내용을 요약해서 말하게 한다. 요약해서 말하는 중에 지정 단어가 나오면 이전과 같은 방법으로 놀이한다.

〈놀이 규칙〉

1. '아빠' 또는 '엄마'는 각각 5번만 사용할 수 있다.
2. 이야기를 끝내지 못하면 동성 친구들이 함께 벌칙을 받는다.
3. 제한 시간 안에 이야기를 끝내야 한다.

놀이는 여학생 한 번, 남학생 한 번씩 총 두 번을 한다. 제한 시간은 120초 내외로 길지 않아야 한다. 시간과 단어 제한이 없으면 이야기가 길어지고 긴장감도 떨어진다. 이야기를 요약하는 학생은 지정 단어가 나오면 5초 정도 쉬었다 다시 이야기한다.

〈전개〉 인물의 캐릭터 만들기, 정지 연극 만들기

작품 속 인물을 입체적으로 이해하기 위해 '아빠 캐릭터 만들기'와 '엄마의 하루' 정지 장면 만들기 활동을 한다.

아빠 캐릭터 만들기

"내용을 바탕으로 아빠 인물 캐릭터를 만들어보세요. 평상시 집에서 자주 했을 것 같은 말과 행동, 표정 등도 적어보세요."

얼굴 그림을 그리고 평소에 자주 했을 것 같은 말과 행동을 종이에 적는다. 말과 행동을 통해 인물의 성격을 추론한다.

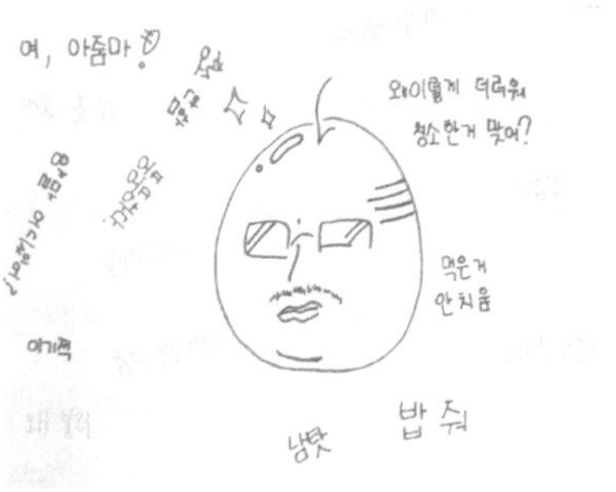

피곳 씨 캐릭터 모둠 발표

캐릭터 만들기와 모둠 발표를 통해 '피곳 씨'를 입체적으로 이해하게 된다.

정지 장면 만들기로 엄마의 삶의 모습 알아보기

"작품 속 엄마가 쓴 일기를 읽어봅시다. 일기를 통해 엄마가 어떤 하루를 살고 있는지 살펴보겠습니다."

〈2020년 7월 20일 엄마의 일기〉

매일 아침 6시
오늘도 울리는 알람 소리에
부스스한 얼굴을 손으로 비비고 아침을 준비한다.

쌀을 씻어 밥을 짓고,
채소를 씻어 국을 만들고,
그릇을 씻어 물기를 닦는다.

취사가 끝났다는 알림 소리에 맞춰
곰만 한 아들과 곰 같은 남편을 깨운다.

'일어나'와 '5분만'을 외치는 사이

식어버린 밥과 국을 뒤로하고
학교로, 직장으로 가버린 곰들을 원망한다.

식어버린 국에 밥을 말아 마시듯 먹고
서둘러 만원 버스를 타고 다시 직장으로 간다.

가장 무서운 과장님의 호출로
시작하는 두 번째 아침이 시작된다.

일하다 전화를 받고
일하다 또 다른 일을 받고 일하다 집으로 간다.

온기라고는 찾을 수 없는
텅 빈 집 안으로 들어가 가스 불을 켠다.

밥 짓고 설거지를 하고, 빨래하고 청소를 한다.

가방을 던지며 밥 달라는 곰 하나,
서류 봉투를 던지며 밥 달라는 곰 하나.

반찬이 이게 뭐냐며 투정하는 곰 하나,
이거 말고 다른 건 없냐는 무심한 곰 하나.

이렇게 쌓여가는 무거운 곰 때문에
겨울잠을 자는 곰들이 부러워진다.

엄마의 삶을 보여주는 시를 들려준다. 각자 인상적인 구절 하나씩을 선택하게 한다.

"선택한 구절을 정지 동작으로 표현해 봅니다."

각자의 공간에서 자신이 선택한 구절을 정지 동작으로 표현한다.

"땡."

교사가 등을 터치하면 자신이 선택한 구절을 말하며 3초 연기를 한다. 연기가 끝나면 마지막 동작으로 정지한다.

"땡."

3초 연기가 끝난 아이의 등을 다시 터치하고 '지금 어떤 감정이 드는지, 왜 그러는지' 이유를 묻는 인터뷰 활동을 한다.

"슬퍼요."

"아무도 내 마음을 알아주는 사람이 없는 것 같아서요."

아이들은 엄마의 일기와 그림책을 바탕으로 엄마의 마음을 상상해 인터뷰 활동에 참여한다.

〈마무리〉 빈 의자 활동과 우리 가족 동물 캐릭터 그리기

빈 의자 활동

두 가지 활동으로 아빠와 엄마의 삶의 모습을 알아보았다. 이제 빈 의자 활동만 하면 된다. 이번 빈 의자 활동은 조금 특별한 대상으로 진행해 본다.

"빈 의자에 여러분과 아주 특별한 관계에 있는 인물을 모셔보겠습니다. 바로 20년 후 여러분과 결혼한 남편과 아내입니다. 그런데 남편과 아내가 피곳 씨처럼 행동한다고 합니다."

반응이 폭발적이었다. '난 절대 피곳 씨 같은 사람과 결혼하지 않는다.'부터 '당장 이혼한다.'까지 다양한 반응이 나왔다.

"같이 살아보기 전에는 절대 모르는 게 사람입니다. 이혼이라는 극단적인 선택 대신 관계 회복을 위한 대화의 시간을 먼저 가져보면 어떨까요?"

대화의 시간을 위해 남편 또는 아내에게 할 것 같은 이야기를 포스트잇에 적는다. 내용은 내가 지금 어떤 마음인지, 남편 또는 아내가 관계 회복을 위해 어떻게 해줬으면 좋겠는지 등이 구체적으로 들어가게 적는다.

"같은 내용의 말이라도 어떻게 말하느냐에 따라 결과가 달라질 수 있어요. 상대에게 하고 싶은 말이 잘 전달될 수 있도록 상대방의 마음도 고려하면서 내용을 작성해 봅시다."

아이들은 정말 집중해서 활동에 참여한다. 혹시나 장난스럽게 할까 걱정했지만 전혀 그렇지 않았다. 오히려 추가로 포스트잇을 받아 최대한 내용을 구체적으로 작성하려고 했다.

우리 가족의 모습 알아보기

Follow-up 활동으로 우리 가족 손가락 동물 캐릭터 그리기 활동을 한다. 동물은 우리 가족과 비슷한 특성이 있는 동물로 한다. 비유적 표현활동과 연계하거나 미술 교과의 상상표현과 연계해 활동할 수 있다.

동물을 선택하기 전 우리 가족이 평상시 자주 하는 말과 행동, 성격 등을 활동지에 적는다. 말과 행동, 성격, 표정 등을 고려해 캐릭터가 비슷한 동물을 찾는다. 어울리는 동물을 찾았으면 빈 종이에 손바닥을 대고 그린다. 손가락의 끝마디 부분은 지우고 가족에 어울리는 동물을 그린다.

어느 손가락에 어떤 동물을 그릴지는 각자 결정한다. '우리 엄마를 어떤 동물로 표현할 수 있을까?'와 '우리 아빠는 어떤 손가락으로 표현할 수 있을까?'를 고민하게 하기 위함이다.

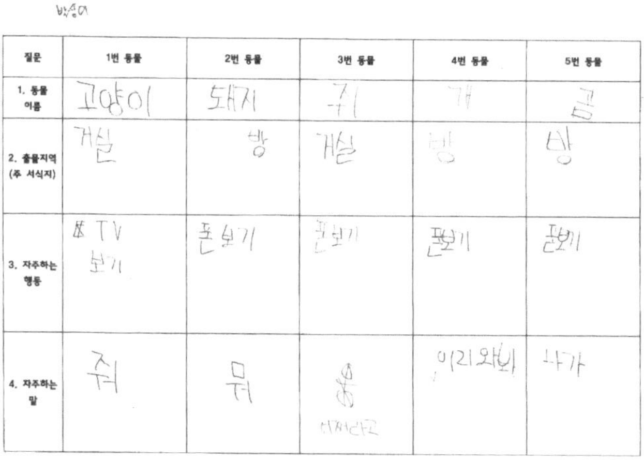
[illegible]

질문	1번 동물	2번 동물	3번 동물	4번 동물	5번 동물
1. 동물 이름	고양이	돼지	쥐	개	곰
2. 출몰지역 (주 서식지)	거실	방	거실	방	방
3. 자주하는 행동	TV 보기	폰 보기	폰보기	폰보기	폰보기
4. 자주하는 말	줘	뭐	[illegible] 싸자라고	이리와봐	나가

빈 의자 활동을 활용한 학교 폭력 사건 처리

사건의 개요

개요가 간단한 사건이었다. 치고받으며 싸운 건 아니었다. 때린 아이와 맞은 아이만 있었다. 때린 아이도 맞은 아이도 장난이라고 했다. 때린 아이는 평소에도 맞은 아이에게 장난이 심했다. 하지만 장난이 아니었고 학폭으로 사건 접수도 되었다.

사건의 시작은 장난이었다. 때린 아이는 장난을 쳤고 맞은 아이는 무시했다. 그러자 때린 아이는 장난의 강도를 높였다. 급기야 몸을 툭툭 쳤다. 맞은 아이는 건드리지 말라며 손을 휘저었다. 휘저은 팔에 때린 아이의 안경이 맞았다. 안경은 바닥으로 떨어졌다. 때린 아이는 의도적으로 팔을 휘저었다고 생각했고 주먹을 날렸다. 장난을 친 아이는 때렸고 팔을 휘저은 아이는 맞았다.

피해 학생의 마음 열기

"준호야 오늘 무슨 일이 있었는지 말해줄 수 있겠어?"

"……."

준호는 아무 말이 없었다. 침묵의 시간이 흘렀다. 어색한 시간이 꽤 흘렀다. 조심스럽게 다시 말을 꺼내보았다.

"준호가 말하기가 싫은가 보구나. 혹시 선생님이 준호에게 부담을 줬다면 미안해. 오늘 일에 대해서 말하고 싶지 않다는 거 알고 있지만 준호에 관한 일을 다른 친구에게 듣고 싶지 않거든."

조심스럽게 접근했다. 혹시 말을 실수하지 않을까 조심하고 또 조심했다. 목적은 구체적으로 밝히고 최대한 조심스럽게 표현했다.

"선생님은 준호가 이번 일로 억울한 마음이 들지 않았으면 해. 그래서 다른 사람이 아닌 준호가 그 일을 직접 얘기해 줬으면 해. 하지만 정말 이야기하고 싶지 않으면 하지 않아도 돼."

다시 어색한 침묵이 흘렀다. 하지만 이번에는 앞선 침묵과는 조금 느낌이 달랐다. 조심스러운 접근이 조금은 효과가 있어 보였다.

"네 마음이 편해졌을 때 어떤 것이든 말해도 돼. 선생님은 얼마든지 기다릴 수 있으니까."

"선생님, 그게……."

준호는 오늘 있었던 일을 조심스럽게 이야기했다.

명구가 어깨를 툭툭 치며 장난을 쳤다. 준호는 무시했다. 명구의 장난은 점점 강도가 심해졌다. 준호는 더 이상 참을 수 없었다. 어깨를 치지 말라고 휘두른 팔에 명구의 안경이 닿았다. '툭.' 명구의 안경이 바닥에 떨어졌다. 화가 난 명구는 준호의 얼굴에 주먹을 날렸다.

"명구가 준호의 생각도 묻지 않고 장난을 쳐서 기분이 좋지 않았겠다. 장난치지 말라고 팔도 휘두른 건데 명구한테 맞아서 억울하고 화도 났겠다."

최대한 준호가 느꼈던 감정을 읽어주려고 노력했다. 이런 상황과 마주한 아이들은 여러 가지 감정을 갖는다. 맞은 아이도, 때린 아이도 모두 그렇다.

맞은 아이는 일이 커질까 두렵고, 맞아서 부끄럽고 억울하다. 그런 모습을 부모님께 보일까 무섭고 미안해 한다. 때린 아이는 잘못한 게 있으니 미안하고 혼날까 두렵다. 반면에 오롯이 자기만 잘못했다고 생각하지 않으니 억울하다는 마음도 갖는다.

"물론 휘두른 팔에 명구의 안경이 맞은 건 미안하지만 진짜 실수로 그런 건데 말이야."

준호의 마음에 최대한 공감해 준다.

"명구한테 장난치지 말라고 이야기해 봤어?"

"아니요. 말해봤자 제 말은 듣지도 않았을 거예요. 명구는 항상 혼자 장난치고 혼자 좋아해요."

"준호가 명구의 그런 행동 때문에 그동안 힘들었겠다. 혹시 그동안 명구에게 그러지 말라고 진지하게 얘기해 본 적 있어?"

"……아니요."

준호의 말끝이 흐려졌다. 이유를 쉽게 알 수 있었다. 명구는 준호를 만만하게 생각하고, 준호는 명구를 어려워했다. 명구는 준호가 자신을 어려워하는 걸 알았고 준호는 그런 명구의 눈치를 보며 싫다고 말하지 못했다.

"그럼 힘든 마음을 누구에게 얘기해 볼 생각은 안 해봤어? 선생님한테도 말이야."

준호는 아무 말도 하지 않는다. 6학년 남자아이쯤 되면 이런 일을 누군가에게 잘 이야기하지 않는다. 말해도 해결해 줄 거라고 잘 믿지 않는다. 오히려 상황이 나빠질 수 있다고 생각한다. 그런 경험을 직접적으로나 간접적으로 겪었거나 들은 적이 있기 때문이다. 경험을 근거로 아이들은 이런 상황을 드러내기보다는 감추려 한다.

그게 아니라도 이 시기의 남학생은 자신의 약한 모습을 타인에게 보이는 걸 수치스럽게 생각한다. 그래서 차라리 힘들고 불편한 상황을 선택한다. 그 선택이 수치심보다 나은 거라고 자신을 위로한다. 그리고는 겉으로 괜찮은 척 행동하며 수치심을 무의식 속에 묻어버린다.

피해 학생과 공감하기

"명구에게 솔직한 마음을 표현한다는 게 쉽지 않았지?"

"……네."

"다른 사람에게도 그렇지?"

준호는 말없이 고개를 끄덕였다.

"선생님도 다른 사람에게 마음을 표현하는 게 참 어려운 것 같아. 명구처럼 장난이라고 말하면 더 그렇고."

준호에게 공감의 말을 건넨다. 여기에 남자라면 한 번쯤은 경험했을 경험을 덧붙여 말한다.

"선생님이 초등학교 때 친구에게 맞은 적이 있었어. 그런데 아무 말도 못 했어. 맞기 전에도, 맞은 후에도 말이야. 그 친구가 어렵고 무서웠고 일이 커지면 어쩌지 하는 생각에 무서웠거든."

준호의 고개가 천천히 올라왔다.

"누구한테 말하지도 못했어. 다른 사람들이 날 우습게 볼까 봐 걱정됐거든. 선생님께 말씀드려도 해결해 주시지 못할 것 같았거든. 분하고 억울했는데 그냥 모른 척하고 넘어갔어."

준호는 내 얼굴을 빤히 보고 있었다. 신기해서인지 작은 위안이라도 얻어서인지 알 수는 없었지만 좋은 신호인 것만은 확실했다.

마음속에 감춰두었던 말 쏟아내기

"여기에 명구가 있다고 생각하고 아무 말이든 해볼까?"

준호 앞에 의자 하나를 놓으며 말했다. 준호는 무슨 말인지 도통 이해가 안 된다는 표정을 했다.

"그동안 하지 못했던 말을 해보는 거야. 속에 있는 말을 하면 조금이라도 기분이 나아지지 않을까? 선생님도 요즘 화나는 일이 있으면 운전하면서 크게 소리치거든. 아무도 없으니까 남의 눈치를 안 봐도 되고, 욕도 할 수 있어서 너무 좋더라고. 그런데 그렇게 하고 나면 신기하게 기분이 좋아져."

준호의 얼굴에서 어리둥절한 표정이 사라졌다. 무슨 말인지 이해했다는 뜻이었다.

"의자에 대고 하고 싶은 말은 무엇이든 다 해봐. 화를 내면서 말해도 되고, 욕을 해도 돼. 화가 안 풀리면 앞에 있는 종이를 던져도 돼."

준호가 앉은 의자의 책상 위에 종이를 놓아두었다. 준호의 얼굴에는 여러 가지 감정이 표정으로 나타났다. 진짜 해도 되는지, 뭐라고 말해야 하는 건지 혼란스러워했다.

"앞으로 나한테 장난치지 마. 진짜 싫으니까……."

처음 시작은 차분하고 작은 소리였다. 말을 할수록 소리는 커졌고 감정이 실렸다. 욕도 섞였다. 그렇게 한참을 이야기했다.

"하고 싶은 말 다 했어? 지금 기분이 어때?"

"기분이 좋아요. 속이 후련해요."

준호의 얼굴이 처음과는 달랐다. 반쯤은 그늘이 걷혀 있었다.

듣고 싶었던 말 듣기

"이번에는 반대편 의자에 앉아 볼까? 그 의자에 앉아서 명구에게 듣고 싶은 말을 직접 하는 거야."

준호는 아무 말 없이 자리를 옮겨 앉았다. 아직 어색해 하긴 했지만 빈 의자를 향해 말하기 전과는 다른 모습이었다.

"준호야, 미안해. 나는 …… 앞으로 네가 싫어하는 장난도 하지 않을게."

준호는 자신이 듣고 싶었던 말을 했다. 마치 명구가 진짜 사과를 하는 것처럼 진지했고 미안해 했다. 이야기를 끝낸 준호에게 원래 자리로 옮겨 앉도록 했다.

"명구에게 그런 말을 들었다면 기분이 어떨 것 같아?"

"기분이 좋을 것 같고 후련할 것 같아요. 진짜 명구가 그런 말을 해줬으면 좋겠어요."

"준호의 마음이 좋아졌다니 선생님도 너무 좋다. 명구도 준호 마음을 안다면 분명 그렇게 말을 할 거야."

과거의 나를 위로하기

"이번에는 명구가 장난을 쳤을 때, 아무 말도 하지 못했던 나에게 하고 싶은 말을 한 번 해볼까?"

준호는 아무 말이 없었다. 하기 싫어서는 아니었다. 무슨 말을 해야 하나 고민하는 시간이 필요해 보였다.

"미안해. 네가……. 힘내. 준호야."

준호는 과거의 자신을 향해 미안함과 위로를 건넸다. 어렵고 무섭고 겁이 난 자신을 이해한다고 했다. 앞으로는 가만히 있지 말고 명구에게 하고 싶은 말을 하라고 했다.

앞으로 이랬으면 좋겠다는 몇 가지 말을 더 건네고 준호는 과거의 자신과의 만남을 마무리했다.

교실 밖을 나서는 준호의 표정이 달라 보였다. 느낌만 그런 건지 모르겠지만 그래 보였다. 실제로 준호는 조금씩 달라졌다. 자신의 감정을 솔직히 표현하려고 노력했다. 친구뿐 아니라 자신에게도 솔직해지려고 노력하는 모습을 보였다.

이후의 활동

명구에게도 비슷한 활동을 했다. 빈 의자를 향해 준호에게 하고 싶은 말을 했다. 자리를 바꿔 앉아 오롯이 준호의 입장에서 오늘 있었던 일을 말하게 했다. 그리고 다시 자신에게 하고 싶은 말을 하게 했다.

처음 명구의 말에는 억울함이 많았다. 그러다 미안한 마음도 표현했다. 물론 모든 과정이 원활하고 순조롭지는 않았다. 사실 명구에게 준호의 입장이 되는 건 어렵고 두려운 일이었다.

명구에게도 조심스럽게 접근했다. 이해하고 공감해 주며 안전하다는 마음을 심어주었다. 편안한 분위기도 만들어주었다. 명구도 준호처럼 천천히 자신의 마음을 표현했고 자신의 감정과 마주했다. 명구는 준호에게 진심으로 사과했고 다행스럽게 비슷한 일은 벌어지지 않았다.

피해 학생과 가해 학생과 하는 빈 의자 활동은 특별한 어떤 것을 하지 않는다. 그냥 마음에 있는 감정을 꺼낼 수 있게 돕는 것뿐이다. 하지만 어렵고 특별한 활동이다.

내가 갖는 부정적인 감정과 만나야 하고, 감추고 싶은 내 모습과 마주해야 한다. 꺼내놓아야 내 감정을 이해할 수 있고 존중할 수 있다. 그렇게 해야 마음이 정화될 수 있다. 정화된 마음은 건강한 삶을 살게 하고 내 삶이 행복해지도록 돕는다.

핫시팅 활동과 함께 하는 수업

핫시팅 활동이란

핫시팅 활동은 가상의 인물이 있다는 전제로 활동을 한다는 점에서 빈 의자 활동과 유사하다. 활동 방법 또한 비슷하지만 인물 연기자가 있다는 점에서는 차이가 있다.

핫시팅 활동은 빈 의자 활동과는 달리 쌍방향 의사소통이 가능하다. 가상의 인물에게 궁금한 점을 물을 수 있고, 질문의 답을 즉각적으로 받을 수 있다.

핫시팅 활동의 인물은 누구라도 가능하다. 역사 속 인물, 현실 속 인물, 이야기 속 인물이 될 수 있다. 사람뿐 아니라 작품 속 배경이나 소품도 될 수 있다. 핫시팅 활동의 인물 연기자는 전지적 시점으로 질문의 답을 말한다.

인물 연기자는 내용을 바탕으로 질문에 답을 해야 한다. 내용으로 답할 수 없는 질문은 사건의 흐름과 인물의 감정 등을 고려해 추론한다.

활동 분위기 조성

핫시팅 활동은 운영 방법이 어렵지 않다. 준비도 간단하다. 인물 연기자와 의자만 있으면 된다. 하지만 효과를 극대화하고 싶다면 준비 과정에 시간을 투자해야 한다.

우선 연기자를 가상의 인물로 만들어주어야 한다. 아무리 수업의 한 활동이지만 친구를 가상의 인물로 생각하기란 쉽지 않은 일이다. 그래서 활동 분위기를 조성하는 일이 중요하다.

물론 아무리 활동 분위기를 조성해도 '의자에 앉아 있는 사람은 내 친구야.'라고 생각하는 아이들이 있다. 그런 아이들을 '다들 그런 척하는데 나라고 어쩌겠어.'라고 생각하게 만들어야 한다.

그렇게 생각하게 만드는 것까지가 활동 분위기를 조성하는 일이다. 모두가 활동에 참여하는데 계속해 딴지를 걸고 있을 아이는 없다. 아이들은 친구들이 하는 일에 나만 빠지는 걸 두려워하기 때문이다. 그 두려움을 만드는 것 또한 활동 분위기를 조성하는 활동이 된다.

분위기 조성을 위해 교사가 할 일

인물 연기자

역할이 갖는 의미와 중요성에 대해 알려준다. 연기자가 진지하게 참여하면 다른 친구들에게도 영향을 미친다. 연기자가 몰입하지 못하면 활동이 무의미해진다. 그래서 작품 이해도가 높은 연기자보다 진정성 있는 연기자가 더 성공적인 활동을 보장해 준다.

질문하는 학생

연기자를 가상의 인물로 생각하도록 안내한다. 동시에 기자나 리포터 등의 역할을 부여한다. 질문은 발언권을 얻어서 해야 하고 한 번에 하나의 질문만 한다. 자신의 질문이 끝나면 다른 질문자에게 질문 기회를 넘긴다.

교사의 도움

연기자가 답하기 어려워하는 질문은 교사가 도움을 제공할 수 있다. 도움은 학생이 직접 요청한 경우에만 제공하고 횟수는 제한한다. 교사의 개입을 최대한 지양해야 하지만 간헐적인 도움은 활동에 도움을 준다.

소품 활용

인물이 적힌 이름표나 명찰을 연기자에게 달아준다. 조명과 음악 등을 활용하면 몰입을 위한 분위기 조성에 도움을 준다. 모형 마이크를 준비해 질문자가 사용하게 하는 것도 좋다. 모형 마이크가 없으면 간단한 도구로 대신할 수 있다. 간단한 도구만으로도 활동에 충분한 도움을 준다.

핫시팅 활동 운영 방법

1인 핫시팅

1인 핫시팅은 연기자 한 명이 질문을 받고 답을 한다. 당연히 누가 연기자를 하느냐에 따라 활동 결과가 천차만별로 나타난다. 그래서 두 단계로 활동을 나눠 운영하는 게 좋다. 첫 번째 단계는 모둠 활동으로 운영하고 두 번째 단계로 전체 활동을 운영한다. 이렇게 단계를 나눠서 운영하면 활동 결과의 편차를 줄일 수 있다.

모둠 활동은 모둠별로 연기자 한 명을 정해 질문과 답을 주고받는다. 전체 활동은 모둠 활동이 끝나면 학급 전체가 함께 활동한다. 전체 활동의 연기자는 가급적 모둠 연기자 중에서 정한다. 전체 활동의 질문은 모둠에서 했던 질문 중에서 좋았던 질문을 선별해 사용한다. 물론 활동중에 떠오른 질문 또한 가능하다.

다중 핫시팅

다중 핫시팅은 연기자 수를 2명으로 하느냐 3명 이상으로 하느냐에 따라 운영 방법이 조금 다르다.

연기자 2명인 경우, 연기자를 대표 연기자와 예비 연기자로 구분한다. 대표 연기자는 준비된 2개의 의자 중에서 앞 의자에 앉는다. 예비 연기자는 뒤에 놓인 의자에 앉는다. 활동이 시작되면 대표 연기자는 질문을 받고 답을 한다.

예비 연기자는 대표 연기자가 이야기에 덧붙일 말이 있거나 답하기 어려운 질문에 도움을 준다. 이때 예비 연기자와 대표 연기자가 자리를 바뀌 앉아 발언을 한다. 이 과정에서 연기자들은 서로 소통하고 동의를 구해야 한다.

예비 연기자는 대표 연기자에게 실질적 도움뿐 아니라 심리적 안정감을 제공해 준다.

3명 이상의 연기자로 운영하는 핫시팅 활동은 대표 연기자와 예비 연기자를 따로 구분하지 않는다. 연기자들은 가로로 나란히 놓인 의자에 앉아 누구나 질문을 받고 답을 할 수 있다.

연기자들은 활동에 함께 참여하는 연기자를 배려하며 발언해야 한다. 혼자만 말하거나 내 생각만 고집해서는 안 된다. 다른 연기자의 의견을 경청하고 생각을 덧붙이거나 추가해 말한다. 설령 다른 연기자가 나와 다른 생각을 말했다 하더라도 반대되는 의견을 말해서는 안 된다. 모든 추가 발언은 이전 의견을 추가 또는 도움이 되는 내용이어야 한다.

연기자를 3명 이상으로 핫시팅 활동을 운영하는 경우 의자 한 자리를 비워두고 진행할 수 있다. 의자 하나를 비워두고 특정 질문에 참여하고 싶은 누구라도 연기자가 된다. 질문이 끝나면 자리로 돌아갈 수도 있고 계속 연기자로서 활동에 참여할 수도 있다.

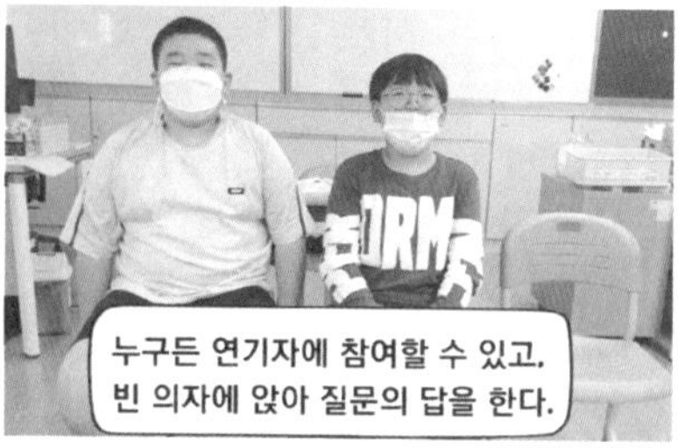

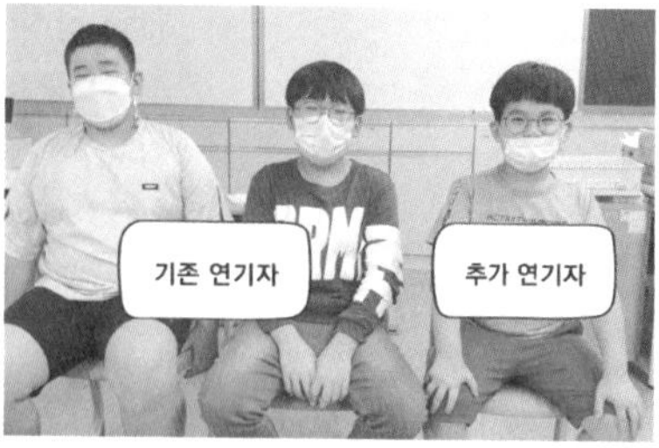

다중 핫시팅은 여러 사람의 생각을 들을 수 있다는 장점이 있다. 덕분에 인물을 다양한 각도에서 바라보게 된다. 더불어 연기자는 질문을 선택해 답을 할 수 있기에 편한 마음으로 활동에 참여할 수 있다.

핫시팅 활동을 활용한 수업

첫 번째 수업

1. 단원: 독서 단원 「책을 읽고 생각을 넓혀요」
2. 활용한 책: 『까칠한 아이』
3. 단원 성취기준
   가. 6국05-05. 작품에 대한 이해와 감상을 바탕으로 하여 다른 사람과 적극적으로 소통할 수 있다.
   나. 6국05-04. 일상생활의 경험을 이야기나 극의 형식으로 표현한다.
4. 차시 학습 목표
   가. 책 내용을 간추리고 생각을 나눌 수 있다.

나. 일상 경험을 극으로 표현할 수 있다.

〈도입〉 '미션 꽃이 피었습니다' 놀이

"무궁화 꽃이 피었습니다."

무궁화 꽃이 피면 사전에 약속한 제자리 뛰기를 한다. 횟수는 50번이다. 뒤돌아봤을 때, 움직였다면 다시 50개를 시작한다.

"냥이가 쫓겨나는 걸 막는 지현이 꽃이 피었습니다."

상황을 제시하면 아이들은 그에 맞는 연기를 한다. 무궁화 꽃과 장면을 섞어 놀이한다.

"엄마와 싸운 지현이 꽃이 피었습니다."

"엄마에게 핸드폰을 뺏겨 속상한 지현이 꽃이 피었습니다."

등장인물 간 갈등이 드러난 상황을 제시한다.

"그 상황에서 인물이 어떻게 말하고 행동했을지 생각하고 내용에 없다면 '나라면 어떻게 했을까?' 상상해 연기합니다."

놀이 방법을 사전에 안내한다. 나의 경험과 연계한 활동이기에 아이들의 동작은 꽤 다채롭다. 간단한 활동이지만 아이들의 경험을 공유하는 데 부족함이 없다.

〈전개〉 모둠 핫시팅과 학급 핫시팅

모둠 핫시팅 활동

"핫시팅 활동에 함께 참여할 인물은 지현이입니다. 지현이에게 궁금한 점을 활동지에 적어보세요."

핫시팅 활동에서 연기자만큼 질문의 질이 중요하다. 질문이 좋으면 활동도 좋아진다. 활동 전에 반드시 질문을 생각해 보고 적게 해야 하는 이유이다.

〈핫시팅 활동 질문 만들기 예시〉

핫시팅 활동 질문지
지현이가 했던 말이나 행동의 이유를 지현이에게 물어보는 질문 하나
등장인물( )이 지현이에게 궁금해 할 질문 하나
내가 지현이에게 궁금한 질문 하나
지현이 역할을 할 친구를 정해 모둠 핫시팅 활동을 해봅시다.
모둠에서 나왔던 질문 중에서 내가 뽑은 베스트 질문 세 개
1
2
3

활동지에 질문 유형을 구체적으로 제시하는 이유가 있다.

첫째, 내용과 동떨어진 질문을 줄일 수 있다. 내용과 관계없는 질문도 도움이 되기는 하지만 너무 그런 질문만 하는 것은 피해야 한다.

둘째, 질문의 범위를 제한해 주지 않으면 어떤 질문을 할지 어려워한다. 활동 경험이 없으면 더더욱 그렇다. 질문의 범위를 제한하면 질문의 질이 높지 않을 것 같지만 그렇지 않다. 오히려 범위와 유형을 제한해 주면 질문의 질이 높아진다. 그렇기에 질문하는 방법에 익숙해질 때까지 활동지를 사용하는 게 좋다.

활동지에 질문을 다 적었으면 모둠별로 연기자 한 명을 뽑는다. 종종 아이들은 가위바위보로 연기자를 결정하기도 한다. 나쁜 방법은 아니다. 아직은 모둠 활동이기 때문이다. 자원해서 연기자를 하면 좋겠지만 꼭 그럴 필요는 없다. 부담 없이 모둠 활동을 하며 재미를 발견할 수도 있고 활동에 익숙해질 수 있다.

"연기자는 내용을 바탕으로 답을 해주세요. 내용만으로 답을 할 수 없는 질문은 '나라면 어떤 생각을 했을까? 어떤 마음이 들었을까?'라고 생각한 다음 답을 해주세요."

활동 전에 한 번 더 활동 방법을 안내한다. 연기자에 따라 활동 결과가 완전히 달라지기에 반복적인 안내는 조금도 과함이 없다.

모둠 핫시팅

학급 핫시팅 활동

"연기자 할 사람?"

전체 활동의 연기자는 혼자서 활동을 이끌고 가야 한다. 모둠 활동과는 차원이 다른 부담이다. 그래서 연기자에 아무도 지원하지 않는 경우가 생긴다. 그런 경우 사용할 수 있는 방법은 크게 두 가지이다.

첫 번째 방법은 지원자가 나올 때까지 계속 설득하는 것이다. 이 활동을 이끌어줄 누군가가 꼭 필요하다는 내용을 담아 말한다.

"이번 전체 활동이 너무 중요한데 누가 특별한 도움을 줄 수 있을까?"

이 방법은 남학생을 타깃으로 삼는다. 꼭 해야 하는 활동에 꼭 필요한 누군가가 되고 싶은 남학생이 어느 반에나 존재하기 때문이다.

두 번째는 교사가 직접 연기자를 지목하는 것이다. 하지만 이 방법은 교사가 모둠 활동 과정을 면밀히 살펴야만 가능하다. 아이들이 모둠 활동을 하는 모습을 잘 살펴보면 답변이 남다른 아이가 한 명쯤은 있기 때문이다.

"모둠 활동에서 보니까 은수가 지현이 역할을 완벽하게 하던데, 은수가 지현이 역할을 해주면 어떨까?"

이런 부탁은 대부분 받아준다. 한 번 해본 역할이라 낯설지 않고 모둠 활동 과정에서 자신도 잘 됐다는 것을 알고 있기 때문이다. 그렇기에 못 이긴 척하며 부탁을 들어주는 경우가 많다. 이런 이유로 전체 활동 전에 모둠 활동을 하는 게 좋다.

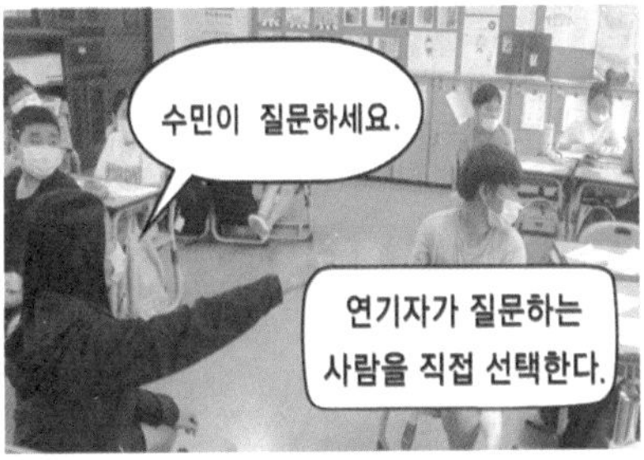

학급 핫시팅

질문은 모둠 활동에서 반응이 좋았던 질문을 사용한다. 활동하면서 떠오른 질문도 가능하다. 교사도 활동에 도움이 되는 질문을 할 수 있다. 하지만 개입은 최소화하는 게 좋다.

두 번째 수업

1. 단원: 독서 단원 「책을 읽고 생각을 넓혀요」

2. 활용한 책: 『까칠한 아이』

3. 단원 성취기준

   가. 6국05-06. 작품에서 얻은 깨달음을 바탕으로 하여 바람직한 삶의 가치를 내면화하는 태도를 지닌다.

   나. 6국05-04. 일상생활의 경험을 이야기나 극의 형식으로 표현한다.

   다. 6국01-06. 드러나지 않거나 생략된 내용을 추론하며 듣는다.

4. 차시 학습 목표

   가. 문학 작품 속 인물을 소개할 수 있다.

   나. 일상 경험을 극으로 표현할 수 있다.

다. 내용을 추론하며 글을 읽을 수 있다.

〈도입〉 '텔레파시 빙고'와 '줄줄이 말해요' 놀이

다뤄야 할 분량이 많은 동화의 경우 이전 내용을 요약하는 활동이 필요하다. 이럴 때 좋은 놀이 활동이 '텔레파시 빙고' 놀이이다.

"처음부터 빠르게 이야기를 읽어가면서 필요한 단어를 빙고 칸에 채워보세요."

텔레파시 빙고 놀이의 좋은 점은 주요 사건에 집중하며 글을 읽게 한다는 점이다. 작품에 등장하는 인물은 한정적이기 때문이다.

텔레파시 빙고 놀이가 끝나면 빙고 판을 칸대로 자른다. 단어가 적힌 쪽지를 접어 바구니에 넣는다. 모둠 순서에 따라 '줄줄이 말해요' 놀이를 한다.

쪽지를 뽑고 적혀 있는 단어를 넣어 이야기 내용을 요약해 말한다. 마지막 사람은 반드시 이야기를 마무리해야 한다. 모든 모둠이 실패하면 2분 정도 내용을 이야기하게 한다. 모둠 활동이 끝나면 다시 쪽지를 뽑고 순서에 따라 놀이한다.

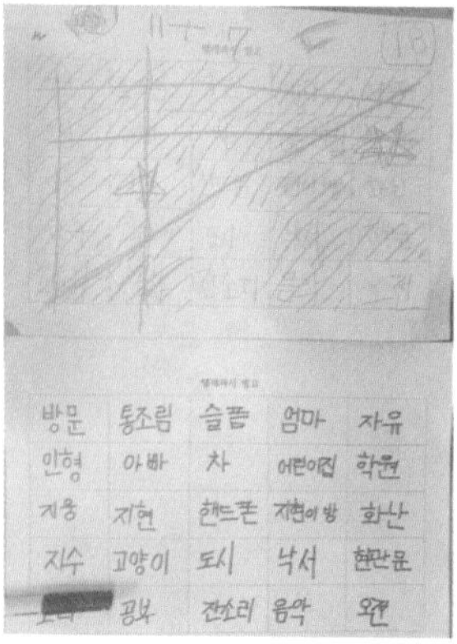

〈전개〉 인기상 투표와 다중 핫시팅

“등장인물 인기투표 활동을 하겠습니다. 작품에서 내가 가장 좋아하는 인물을 투표용지에 표기해 주세요.”

까칠한 아이 인기투표
(최애 캐릭터 선발)

1 지웅이
2 지현이
3 아옹이
4 엄마

투표관리관

절 취 선
No.

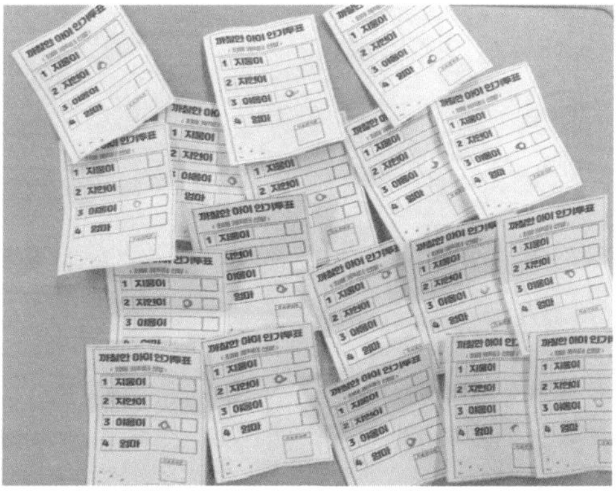

투표로 핫시팅의 인물을 뽑는다. 투표 활동은 재미뿐 아니라 인물에 대한 애착을 갖게 한다. 내가 찍은 인물이기 때문이다.

투표 결과, ‘냥이’가 가장 인기 있는 인물로 뽑혔다. 인물이 결정됐으니 냥이에게 할 질문을 활동지에 적는다.

모둠 (다중)핫시팅

“이번 모둠 활동은 따로 연기자를 정하지 않고 모두가 연기자가 되어 봅니다. 모둠에서 누군가 질문을 하면 나머지 사람은 돌아가며 답을 합니다. 내가 할 질문이 이미 나왔다면 그 질문을 했던 사람에게만 질문하면 됩니다.”

순서대로 돌아가며 질문하는 사람과 연기자가 된다. 하나의 질문을 여러 명의 연기자가 답을 하면서 심도 있는 답을 찾아간다. 몰랐거나 생각하지 못했던 내용의 질문이라도 친구들의 이야기를 듣고 알아갈 수 있다.

"이전 친구의 답과 반대되는 의견은 말하지 않습니다. 같은 의견이라도 자신의 생각을 그대로 이야기하면 됩니다."

모둠 (다중)핫시팅 활동은 전체 활동과는 달리 연기자 모두가 질문에 답을 해야 한다. 같은 생각을 친구가 말했다 하더라도 자신의 말로 다시 말해야 한다. 그래야 활동에 수동적이 되지 않는다.

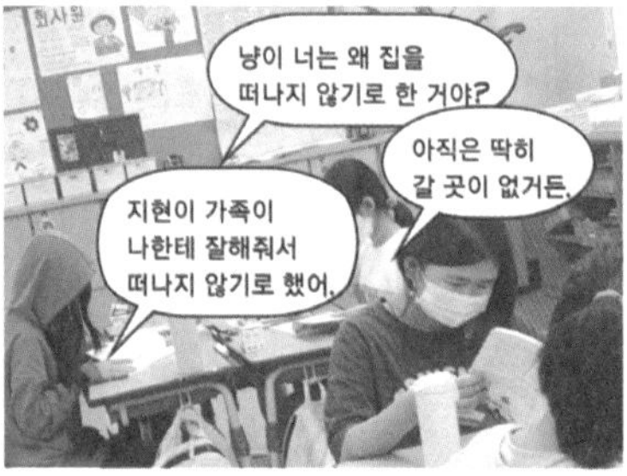

전체 (다중)핫시팅

활동 방법을 안내하고 연기자 2명을 뽑는다. 연기자는 모둠 활동에서 인상적인 답을 했던 사람을 추천받는다. 추천된 사람 중에서 2명을 뽑아 활동을 시작한다.

"연기자는 질문을 듣고 답을 합니다. 연기자가 아닌 사람도 언제든 연기자 의자에 앉을 수 있습니다."

모둠 활동과 같이 연기자들은 서로 반대되는 의견을 말할 수 없다. 연기자는 누구든 질문을 듣고 답을 할 수 있다. 다른 연기자는 이전 연기자가 말한 내용을 추가하거나 덧붙여 말한다. 연기자가 답을 하기 어려운 질문은 교사가 연기자가 되어 빈 의자에 앉을 수 있다.

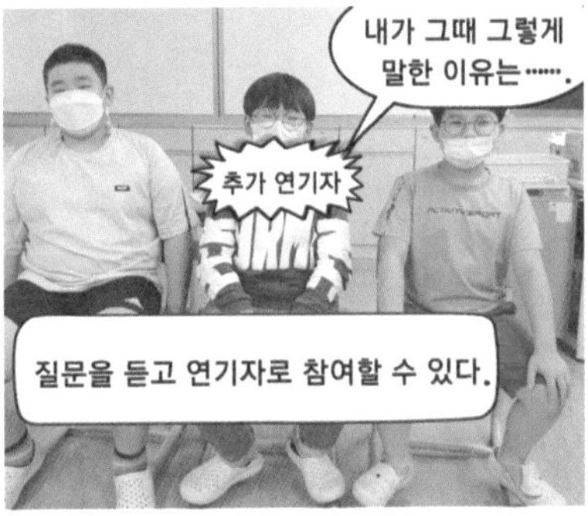

활동은 원활하고 재미있게 진행됐다. 질문에 대한 답의 수준도 높았다. 누구든 연기자가 되어 질문에 답을 할 수 있다는 방식도 재미있어했다. 누구나 답을 하고 언제든 의자를 비울 수 있어 연기자가 되는 것에 대한 부담도 없어 했다.

"앞으로 어떻게 살 거야?"

활동이 마무리되는 순간 민우가 물었다. 이야기의 마무리가 열린 결말로 끝이 났는데 그 이후의 삶을 궁금해 했다. 모둠 활동에는 없었던 추가 질문이었다. 연기자들은 선뜻 답을 하지 못했다.

의자에 앉아 답을 할까 생각했지만 순간 '앞으로 이어질 이야기 만들기' 활동을 다음 시간에 하면 좋겠다는 생각이 들었다.

〈마무리〉

뒤죽박죽 퀴즈 놀이로 결말 부분의 내용을 한 번 더 정리한다. 지난 시간에 민우가 했던 질문을 '앞으로 이어질 이야기 만들기' 활동으로 연결하기 위한 활동이었다.

“냥이는 어떻게 살 것 같나요?”

“가족들과 죽을 때까지 잘 살 것 같아요.”

“집을 떠나 이곳저곳을 여행하며 살 것 같아요.”

아이들의 의견은 ‘집에서 살 것 같다’와 ‘집을 떠나 여행하며 살 것 같다’로 나뉘었다. 갈린 의견을 따라 활동 모둠을 두 개로 나눈다.

“지금부터 냥이의 미래 이야기를 만들어보겠습니다. 자신의 선택처럼 살게 되었을 때 어떤 점이 좋고, 어떤 점이 안 좋을지 친구들과 이야기 나눠봅시다. 냥이는 안 좋은 점을 어떻게 극복하면서 살지도 이야기 나눠보세요.”

두 모둠을 다시 쪼개 4명 내외의 소모둠으로 만들었다. 각 모둠은 8절지에 ‘냥이’가 어떻게 살 것 같은지를 적는다. 미래의 ‘냥이’는 삶 속에서 어떤 고민을 하고 어떻게 극복하는지도 상상해 본다.

모든 이야기는 ‘냥이’의 성격을 바탕으로 적는다. 적은 이야기로 3개의 정지 장면을 만든다. 인과관계를 생각하며 이야기를 만들라는 의도였다. 인과관계를 생각하며 이야기를 쓰면 전혀 엉뚱한 내용이 되지 않기 때문이다.

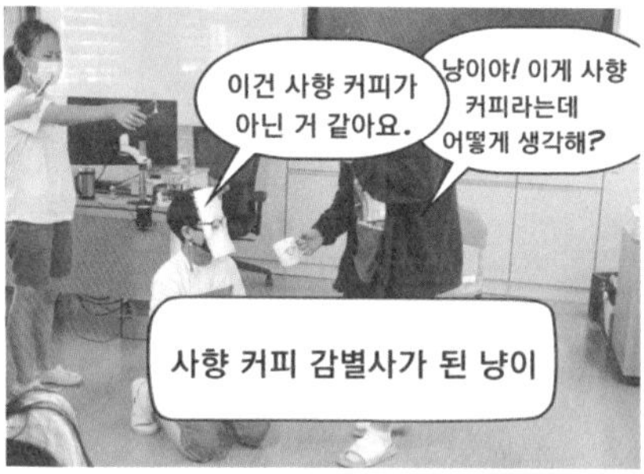

지현이 가족과 함께 사는 ‘냥이’의 모습

지현이 가족을 떠나 자유롭게 사는 ‘냥이’의 모습

2차시가 걸린 활동이었지만 아이들의 소감을 듣는 순간 시간은 조금도 아깝지 않았다.

"우리가 쓴 이야기로 장면 만들기를 해서 신기하고 재미있었어요."

"이야기를 만드는 게 쉽지 않았지만 다 쓰고 나니 작가가 된 기분이 들어요."

"이어질 내용을 쓸 때 무엇을 고려해야 하는지 알게 됐어요."

우연한 질문으로 시작된 활동이었지만 의도한 수업보다 재미있고 유익한 시간이었다.

소리 터널 활동과 함께 하는 수업

소리 터널 활동이란

소리 터널 활동은 터널을 지나가며 소리를 듣는다. 터널은 마주 보고 길게 선 줄을 말한다. 소리는 터널을 지나는 사람에게 들려주는 말을 의미한다. 소리 터널의 모양이 동굴과 닮았다고 해서 소리 동굴이라고도 한다.

소리 터널에는 부정과 긍정, 딜레마의 세 가지 소리 터널이 있다. 부정의 소리 터널은 부정적인 내용의 소리를, 긍정의 소리 터널은 긍정적인 내용의 소리를 듣는다. 딜레마 소리 터널은 상반되는 의견을 균등하게 듣는다.

세 가지 소리 터널을 운영하는 방법은 모두 같다.

첫째, 옆 친구와 어느 정도 간격을 두고 양쪽으로 길게 두 줄을 만든다. 간격은 반 팔 간격 정도가 적당하다.

둘째, 양쪽으로 줄을 설 때 앞사람과 얼굴과 마주 보게 서지 않고 지그재그로 선다. 약간의 차이를 두어야 양쪽 의견을 모두 들을 수 있기 때문이다.

셋째, 소리 터널이 완성되면 맨 앞 사람부터 눈을 감고 천천히 걸어간다. 터널은 소리가 맞물리지 않게 한 사람의 이야기가 끝나면 다음 사람이 말한다. 릴레이 단어 말하기 놀이처럼 소리가 섞이지 않고 박자감 있게 연결되도록 활동에 집중해야 한다.

넷째, 말하는 내용은 길지 않아야 한다. 터널을 지나가는 동안 들을 정도의 분량으로 한다. 한번 정한 소리의 내용이 활동 끝까지 달라지지 않도록 주의한다.

소리 터널의 세 가지 유형

부정의 소리 터널

부정의 소리 터널은 부정적인 말로 소리가 구성된다. 부정의 소리 터널의 목적은 간단하다. 부정적인 소리를 들었을 때, 느껴지는 감정을 경험하는 것이다. 이러한 감정의 경험은 연기하는 인물의 감정을 이해하는 데 도움을 준다. 궁극적으로는 작품을 폭넓게 이해하게 한다. 부정의 소리 터널은 보통 긍정의 소리 터널과 함께 사용된다.

부정의 소리 터널은 최대한 감정을 빼고 말해야 한다. 소리의 내용에 집중해야 하기 때문이다. 소리에 감정이 섞이면 내용보다는 감정이 먼저 전달돼 정작 들어야 하는 내용을 놓치기 쉽다.

긍정의 소리 터널

긍정의 소리 터널은 긍정적인 내용의 말로 소리가 구성된다. 긍정의 소리 터널은 최대한 감정을 넣어 말한다. 긍정의 감정은 소리와 섞여도 내용 전달에 문제가 생기지 않는다. 오히려 긍정의 감정이 섞이면 활동의 결과가 좋아진다. 하지만 감정에 장난이 섞여서는 안 된다. 그래서 활동 전에 이러한 점을 안내해야 한다.

딜레마 소리 터널

딜레마 소리 터널은 어느 한쪽을 쉽게 결정할 수 없는 상황에 있는 인물의 내적 갈등을 경험하게 한다. 그렇기에 터널의 소리는 인물의 감정을 느낄 수 있는 내용이나 결단을 돕는 내용으로 구성된다. 딜레마 소리 터널은 양쪽의 의견을 균등하게 들려주어야 하기에 가급적 인원을 균등하게 나눠 터널을 만든다.

소리 터널을 활용한 수업

첫 번째 수업

1. 단원: 6학년 국어 1학기 6단원 「내용을 추론해요」
2. 활용한 책: 『고함쟁이 엄마』
3. 단원 성취기준

   가. 6국01-06. 드러나지 않거나 생략된 내용을 추론하며 듣는다.

나. 6국02-03. 글을 읽고 글쓴이가 말하고자 하는 주장이나 주제를 파악한다.

다. 6국05-04. 일상생활의 경험을 이야기나 극의 형식으로 표현한다.

4. 차시 학습 목표

가. 내용을 추론하며 글을 읽을 수 있다.

나. 일상 경험을 극으로 표현할 수 있다.

〈도입〉 삽화 장면 추론하기

"그림은 어떤 상황인 것 같나요?

그림책의 삽화 하나를 보여주고 어떤 상황인지를 묻는다.

아이들은 다양한 내용의 이야기를 한다. 질문의 답은 바로 알려주지 않는다. 대신 함께 책을 읽으면서 자신들이 추론한 내용이 맞는지 확인하게 한다.

〈전개〉 작가의 의도 추론을 위한 소리 터널 활동

삽화를 활용해 글만으로 확인하기 힘든 작가의 의도를 추론하는 활동을 한다.

"작가는 왜 아이의 몸이 부서지게 표현했을까요?"

"엄마의 목소리가 너무 커서요."

"장면을 재미있게 표현하려고요."

아이들은 단번에 아이의 감정과 작가의 의도를 연결하지 못했다.

"선생님, 작가는 왜 저렇게 표현했어요?"

정답을 말하지 않고 '왜 그랬을까?'를 반복하자 답답함을 견디지 못한 아이들이 반문했다.

"그 질문의 답을 여러분이 소리 터널 활동으로 찾아보세요."

활동 방법을 알려주고 활동에 사용할 부정의 소리를 한 가지씩 생각하게 한다.

"지금껏 들었던 말 중에서 가장 듣기 싫었던 말을 하면 됩니다."

활동에 사용하는 소리를 나의 경험과 연결한다. 그래야 활동의 효과가 크다. 말하는 소리의 내용이 바뀌는 것을 막기 위해 생각한 내용은 포스트잇에 적는다.

"말을 할 때는 최대한 감정은 빼고 이야기합니다. 절대 화를 내거나 짜증을 내며 말하지 않습니다. 내용이 충분히 전달될 수 있게 최대한 차분하게 말해주세요."

활동 전에 유의사항을 충분히 안내한다. 활동 중의 자연스러운 감정은 인정해 주지만 불필요한 감정은 최대한 자제하게 한다. 그래야 말의 내용이 분명히 전달된다.

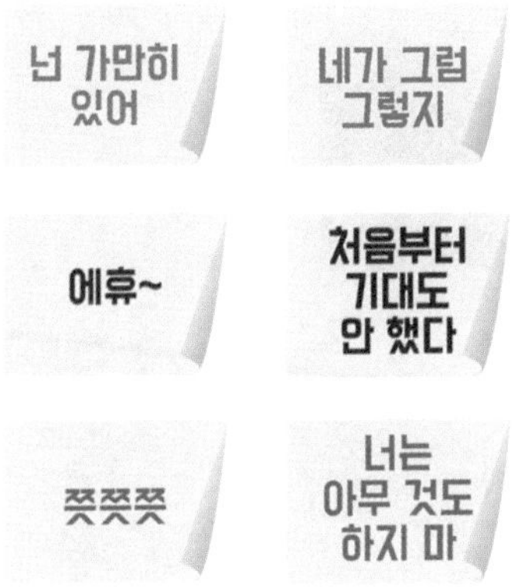

"터널의 소리를 들으니 어떤 기분이 들었나요?"

"제가 쓸모없는 존재인 것 같아요."

"진짜 그런 말을 들으면 상처가 될 거 같아요."

활동 소감에는 학생들의 진짜 감정이 담겨 있었다. 감정이 사라지기 전에, 활동 전에 했던 질문을 다시 던진다.

"작가는 왜 엄마의 고함에 아이의 몸이 부서지게 표현했을까요?"

"마음의 상처가 컸다는 걸 말하고 싶어서요."

"마음이 깨졌다는 것을 그림으로 표현하고 싶어서요."

아이들의 답은 활동 전과 달랐다. 물론 터널 활동 후에 느낀 감정과 작가의 의도를 차례로 물었으니 눈치만 있다면 어렵지 않게 답을 말할 수 있었다. 하지만 아이들의 말에는 눈치 이상의 감정이 담겨 있었다.

"어떤 장면인가요?"

"엄마 펭귄이 아기 펭귄의 몸을 모아서 꿰매고 있어요."

"작가는 왜 이 장면을 꿰매는 것으로 표현했을까요?"

"부서지게 한 사람이 붙여주는 것도 직접 해야 한다는 걸 말해주고 싶어서요."

이번에도 터널 활동을 통해 직접 감정을 느끼고 답을 찾아보게 한다.

"이번에는 아까 들었던 부정의 소리를 위로해 주거나 사과하는 말을 포스트잇 뒷면에 적어보세요."

이번 활동은 소리에 감정도 담아 말하도록 한다.

"사과의 말을 하는 친구가 장난스럽게 말하면 어떤가요?"

"기분 나빠요."

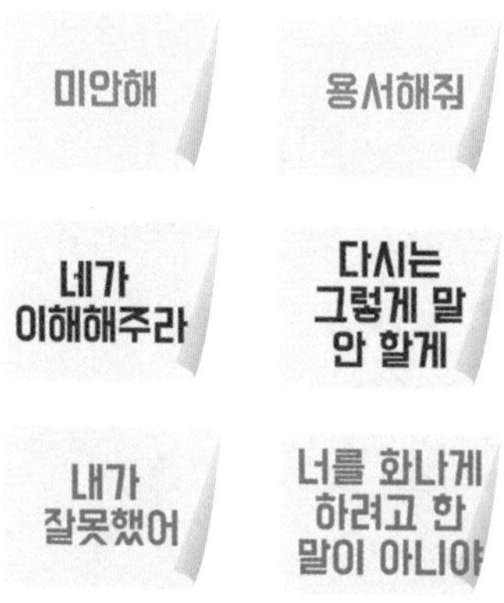

감정에 장난이 섞이지 않아야 한다는 것 또한 함께 안내한다.

활동이 끝나고 사과의 소리를 들었을 때, 내 마음이 어땠는지 물어본다.

"화가 좀 풀렸어요."

"기분이 좀 괜찮아졌어요."

"그런 말을 들으면 불편했던 마음이 다 풀릴 것 같나요?"

"아니요."

작가의 의도와 연결할 수 있는 대답이 나왔다. 이제 이유를 묻고, 활동 전에 했던 질문과 연결 지으면 된다.

"왜 아니라고 했나요?"

"마음의 상처는 말 한마디로 사라지지 않아서요."

"작가는 왜 이 장면을 꿰매는 것으로 표현했을까요?"

"꿰매도 상처는 남아서요."

만약 작가의 의도가 '마음의 상처는 영원히 자국이 남는다'였다면 아이들의 추론은 완벽했다.

"엄마는 무엇을 타고 아기 펭귄을 찾으러 다녔나요?"

엄마가 아기 펭귄을 찾으러 다니며 타고 다녔던 것에 숨겨진 작가의 의도도 생각해 본다.

"비행접시요."

"그릇이요."

"작가는 왜 하필 엄마가 그릇을 타고 다닌 것으로 표현했을까요?"

다소 어려운 질문이지만 아이들은 친구들과 의사소통하며 어렵지 않게 답을 찾아낸다.

"용기가 있어야 아이의 몸을 찾을 수 있고, 용기가 있어야 사과를 할 수 있으니까요."

작가가 아닌 누구도 작가의 의도를 단정해 말할 수 없다. 하지만 이 정도면 아이들은 삽화에 담긴 작가의 의도를 완벽히 추론했다는 생각이 들었다.

두 번째 수업

1. 단원: 6학년 국어 1학기 7단원 「우리말을 가꾸어요」

2. 활용한 책: 『너 왜 울어?』

3. 단원 성취기준

   가. 6국01-06. 드러나지 않거나 생략된 내용을 추론하며 듣는다.

   나. 6국02-03. 글을 읽고 글쓴이가 말하고자 하는 주장이나 주제를 파악한다.

   다. 6국05-04. 일상생활의 경험을 이야기나 극의 형식으로 표현한다.

   라. 6국04-06. 일상생활에서 국어를 바르게 사용하는 태도를 지닌다.

4. 차시 학습 목표

가. 내용을 추론하며 글을 읽을 수 있다.

나. 일상 경험을 극으로 표현할 수 있다.

다. 자신의 언어생활을 점검할 수 있다.

〈도입〉 '뒤죽박죽 퀴즈'와 '두 문장 추론하기' 놀이

뒤죽박죽 퀴즈로 6단원에서 배운 내용을 정리했다. 이전 단원을 복습하는 의미도 있지만 본 차시 활동과도 관련이 있었다. 문제의 내용은 '추론하는 방법'이었다.

첫 번째 놀이가 끝나면 두 문장 추론하기 놀이를 한다. 놀이에 사용한 문장은 오늘 사용할 그림책의 두 가지 사건을 담고 있다.

〈두 문장 추론 놀이에 활용한 문장〉

문장 1. 엄마와 시장으로 놀러 간 아이는 슈크림 빵도 먹고, 놀이터에서 놀았다.
문장 2. 아이가 갑자기 울기 시작했고, 엄마는 이유를 몰라 아이에게 왜 우는지 묻는다.

두 문장을 보고 '아이가 우는 이유'를 친구들과 함께 추론한다.

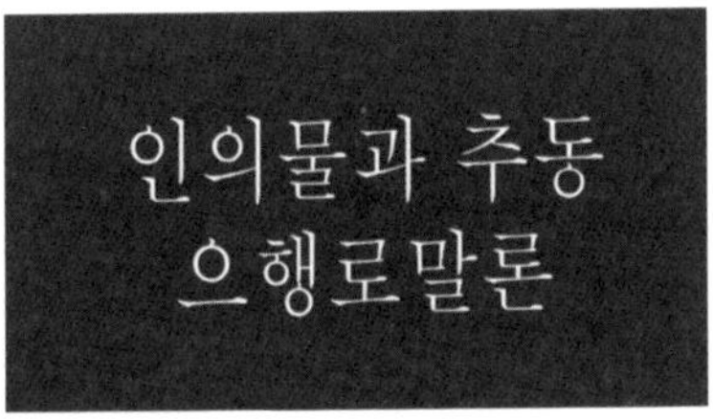

뒤죽박죽 퀴즈로 이전 단원 내용(추론 방법)을 정리한다.

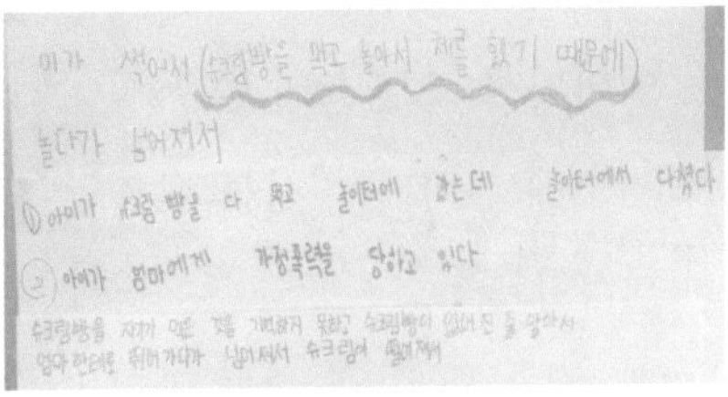

자신의 경험을 바탕으로 두 문장 추리 활동을 한다.

고학년 아이들에게 그림책을 활용한 수업은 동기유발이 중요하다. 다행히 학생들은 아이가 우는 이유를 궁금해 했다. 놀이의 답을 알고 싶은 학생들은 내용을 빨리 확인하고 싶어했다.

〈전개〉 그림책 읽기와 소리 터널 활동

책에는 아이들이 평소 종종 듣는 말이 담겨 있었다. 그래서 일부러 감정 표현에 자연스러운 남학생 한 명에게 대표로 책을 읽어주길 부탁했다. 감정 없이 책을 읽던 남학생의 목소리에는 점점 감정이 더해졌다.

"작품 속 아이는 왜 울었을까요?"

"엄마가 기분 나쁘게 말해서요."

"엄마가 잔소리를 너무 심하게 해서요."

아이들은 '아이가 우는 이유'를 쉽게 찾았다.

"여러분이 이런 말을 들었다면 어떤 마음이 들 것 같나요?"

부정적인 말을 부정적인 감정으로 연결하라는 의도를 담은 질문이었다.

"그냥 그래요."

"아무렇지 않을 것 같아요. 엄마가 그 정도 말을 할 수 있잖아요."

서준이와 민호의 말이었다. 당황스러웠다.

"왜 그렇게 생각하나요?"

"엄마니까 그 정도의 말은 할 수 있어요."

"평소에 엄마가 하시는 말씀인데 전 한 귀로 듣고 한 귀로 흘려보내서 괜찮아요."

생각해 보니 작품 속 엄마의 말은 6학년 아이들에게 익숙해져 버린 말일 수 있었다. 익숙해진 말에 감정이 무뎌지는 것은 어찌 보면 당연했다.

"그럼 아이가 들었던 말을 직접 들어보고 아이는 어떤 마음이 들었을지 생각해 봅시다."

예정에도 없던 소리 터널 활동을 한다. 작품 속에서 엄마가 했던 말을 하나씩 나눠 주었다. 엄마의 말을 긍정의 말로 바꿔 소리 터널을 하려고 준비했던 쪽지였다. 소리 터널 대형을 만들고 앞에서부터 차례로 터널을 지나간다. 터널의 소리 연기자들은 쪽지에 적힌 말을 그대로 읽는다.

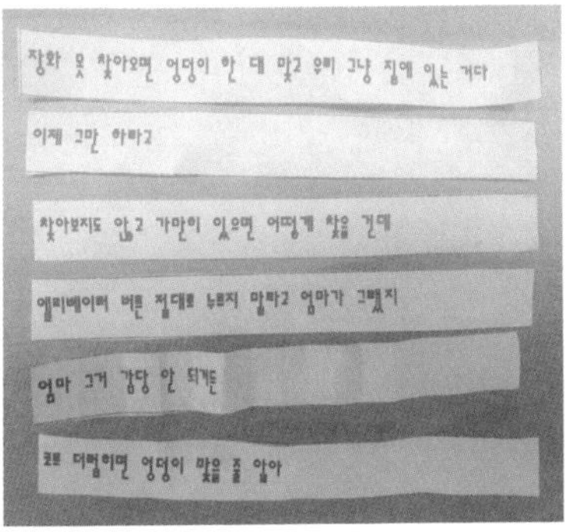

터널을 지나가는 사람은 소리를 천천히 들을 수 있게 최대한 천천히 지나간다. 내용이 짧으면 괜찮지만 조금만 내용이 길면 소리가 겹치기 때문이다.

"한 사람의 소리가 끝나면 다음 사람이 이어서 말하면 어때요?"

몇 번의 안내에도 불구하고 소리가 겹치자 원철이가 말했다. 교사의 배움이 일어나는 순간이었다. 지금껏 소인 수 학급에서만 해왔던 활동이라 소리가 맞물렸던 경험이 없었다. 그래서 굳이 소리를 릴레이로 말하지 않아도 됐었다. 익숙함을 경계해야 하는 건 교사도 마찬가지였다.

원철이 말처럼 소리 터널 활동을 다시 해보았다. 소리가 이어지자 신기하게 터널을 걷는 아이들도 소리에 맞춰 걸었다.

"5~6살의 아이가 이런 말을 들었다면 어떤 마음이 들까요?"

"마음에 깊은 상처가 생겼을 거 같아요."

서준이와 민호의 말이 활동 전과 달라졌다.

"앞으로 엄마가 어떻게 말을 해야 아이가 울지 않을까요?"

"긍정적으로 말해요."

"여러분이 가지고 있는 쪽지에 적힌 엄마의 말을 긍정적으로 바꿔봅시다. 긍정의 소리를 들으면 어떤 기분이 드는지 느껴봅시다."

쪽지에 긍정의 말을 적고 긍정의 소리 터널 활동을 한다. 활동 후에 느낀 감정을 공유한다. 최종적으로 긍정의 소리가 주는 긍정의 감정에 대해서 이야기 나눈다.

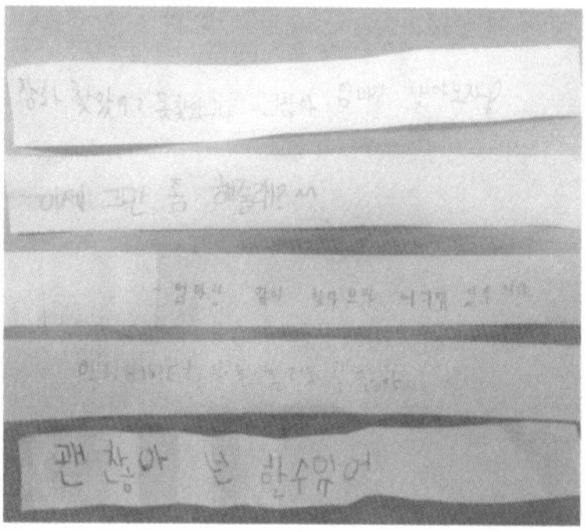

〈마무리〉 빈 의자 활동

"아직도 아이가 왜 울고 있는지 모르고 있는 엄마를 빈 의자로 모셔오도록 하겠습니다."

포스트잇에 아이가 울고 있는 이유와 엄마가 앞으로 어떻게 말하고 행동하면 좋을지가 담기게 구체적으로 적는다. 적은 내용은 한 사람씩 돌아가며 읽고 포스트잇은 빈 의자에 붙인다.

엄마에게 하고 싶은 말을 포스트잇에 적는다.

한 사람씩 적은 내용을 읽고, 포스트잇을 빈 의자에 붙인다.

수업은 2개의 질문으로 마무리한다. 답은 스스로 정리하게 한다.

"친구가 내 말 때문에 상처를 받았다면 어떻게 해야 할까요? 앞으로 친구에게 상처를 주지 않으려면 어떻게 말을 해야 할까요?"

세 번째 수업

1. 단원: 6학년 국어 1학기 4단원「주장과 근거를 판단해요」

2. 활용한 책: 『너 왜 울어?』

3. 단원 성취기준

   가. 4국01-03. 회의에서 의견을 적극적으로 교환한다.

   나. 4국02-04. 글을 읽고 사실과 의견을 구별한다.

   다. 6국05-04. 일상생활의 경험을 이야기나 극의 형식으로 표현한다.

   라. 6국02-04. 글을 읽고 내용의 타당성과 표현의 적절성을 판단한다.

4. 차시 학습 목표

가. 주장의 근거가 적절한지 비판적으로 판단할 수 있다.

나. 일상 경험을 극으로 표현할 수 있다.

〈도입〉 찬반 의견이 담긴 영상 보기

2020년 4월, 재난 기본 소득제를 둘러싸고 찬반으로 팽팽하게 맞선 여론 조사 결과 영상을 보여준다. 영상을 보고 찬성과 반대로 모둠을 나눈다. 모둠은 내 의견과 관계없이 나눈다. 찬성과 반대의 모둠원 수는 같게 한다.

〈전개〉 찬반의 의견 찾기 & 딜레마 소리 터널

의견에 대한 근거 찾기

찬성 측에는 찬성의 근거가 담긴 영상을 제공한다. 반대 측에는 반대의 근거가 담긴 영상을 제공한다. 영상을 보고 주장에 대한 근거를 찾는다. 제공된 영상뿐 아니라 스마트 기기를 활용해 다른 매체를 통해 주장의 근거를 추가로 수집한다. 수집한 근거는 쪽지에 하나씩 나누어 적는다.

도입 활동 영상 QR 코드
https://bit.ly/2BQwn0A

전개 활동 영상 QR 코드
https://bit.ly/38a5i4I

쪽지 하나를 각자 나누어 가진 후 딜레마 소리 터널 활동을 한다.

"터널을 지나면서 찬성과 반대 의견을 잘 들어봅시다. 터널을 지나면서 '내가 대통령이라면 어떤 결정을 할까?'를 고민해 봅시다."

터널을 지나는 사람이 양쪽의 근거를 다 들을 수 있게 릴레이로 말한다. 터널을 지나는 사람은 소리에 맞춰 천천히 걷는다.

"터널을 지나며 양측의 근거를 들어보았습니다. 여러분들이 대통령이라면 어떤 결정을 할지 잘 생각해 투표해 주시기 바랍니다."

Mentimeter 앱을 활용해 최종 결정을 한다. 터널 활동에서 들은 근거를 바탕으로 결정하라는 의미이다. 전자 투표를 활용하면 다른 사람의 생각에 영향을 받지 않고 오롯이 내 생각만으로 의사 결정을 할 수 있게 된다.

〈마무리〉 의견이 바뀐 이유 인터뷰 활동

2개의 질문으로 활동을 마무리한다.

"판단에 도움을 준 결정적 한 마디(근거)는 무엇이었나요?"

"딜레마 상황에서 어떻게 하면 합리적 판단을 할 수 있나요?"